柳田国男「歌のわかれ」と島崎藤村

――歪められた人間像の回復――

はじめに

多くの日本人に民俗学者として知られていた柳田国男だが、東京のみでなく、地方にも日本古来の伝統的な暮らしがなくなり、民俗学の研究対象とする民俗がなくなるとともに、業績は忘れられ、或いは足りなかったところだけが強調され、批判され、過去の人になろうとしていた。

ところが2011年3月11日の東北大震災以来、『遠野物語』の作者として久しぶりに大いに話題にされることになった。岩手県の遠野市が被災地支援のボランティアの拠点として活躍したことと、明治43年に出された国男の『遠野物語』119話中第99話に、明治29年の三陸大地震による大津波の被害者の話が収録されていたことで、柳田国男の『遠野物語』が再び全国的に話題にされるようになったのだ。

『遠野物語』は柳田国男の民俗学の初めの本とされているが、国男は執筆当時、まだ内閣法制局の役人だった。妖怪談の好きな同志として水野葉舟が、当時作家を志望して東京に暮らしていた遠野出身の佐々木喜善を国男に紹介したことから、国男は喜善が幼少の頃よりおばあさんから聞いていた遠野に伝わる数々の伝説を話してもらい、書き留めて、300部だけ自費出版したのだった。

柳田国男は東北大震災の翌年の２０１２年が没後50年、２０１５年が生誕１４０年ということで、２０１２年には記念のシンポジウムが各地で開かれ、２０１５年には生誕１４０周年記念の充実した展覧会が神奈川県立近代文学館で開かれた。

ちょうどその没後50年に当たる２０１２年6月に、平凡社から岡谷公二著『柳田國男の恋』が発行された。これは岡谷氏による柳田国男論の四冊目の本で、１９７７年に発行された『柳田国男の青春』以来、35年目に発行されたことになる。何とこの本には、柳田国男が大学入学前後の四年間に作った新体詩に詠まれた恋の相手との間に子供を作り、「隠し子」として又従兄の中川恭次郎に育てさせたかのように書いてあった。遺族も全く知らない、そんな話はあるはずのないという話である。そして、その恋の挫折の罪悪感から国男が本質的に詩人である自分を殺して、本質的に合わない民俗学のような経世済民の実学に進んだと、また、そういうわけで民俗学は柳田国男にとっては「余生」だったと、これまでの氏の柳田国男論の更なる裏付けをしている。これの何がいけないか、というと、「隠し子」なんていなかったからだ。

柳田国男がまだ松岡姓だった明治29年と30年、まだ大学生になる前の二年間に、盛んに詠んで発表し、仲間の受けも大変よかった新体詩を、次第に詠まなくなり、明治32年を最後に全く詠まなくなってしまったことを惜しんでか、「柳田国男の『歌のわかれ』」という言葉を使って、その理由がいろいろ取りざたされるということが起きた。1962年8月8日に87歳で亡くなった柳田の最晩年からのことである。

きっかけの一つは、亡くなる少し前の1961年に『定本柳田國男集』（筑摩書房）の出版が決まったのだが、国男がそれに若い時代に詠んだ和歌や新体詩を入れて後世に残すことを「峻拒」したこと、それが、「何故だろう、新体詩に詠まれた恋に何か秘密があるのではないか」と研究者の好奇心を大いにそそったことにあったようだ。それを助長したのが、同じころ国男が「故郷七十年」というタイトルで思い出話を語った中に、自分は和歌を早くから題詠で作る練習をしていた影響で、新体詩も作りものだったと、繰り返し語ったことが、新しい時代の柳田国男研究者には、何とも解せないことに写ったからだったようだ。

特に1977年に岡谷氏が『柳田国男の青春』を書いて、国男の新体詩を一人絶大に評価し、国男の「感受性を知るために、私たちは『野辺のゆきゝ』から柳田国男を読みはじめなければならないのである。」という観点から、柳田国男論を展開したのが大変受けて、その後岡谷氏の柳田国男論に言及しないでは、柳田国男論ができないかのようになってしまうという、特殊な状況が生じた。岡谷氏が最初から勘違いの「隠し子」説を疑いながら、しかもそれを隠して書いた柳田国男論だったと知る者はいなかった。

国男の没後50年に合わせて岡谷氏がとうとう「隠し子」説を発表するまでの経緯は、小論二として、検証し、反証を示す。

まず小論一では、国男と新体詩と、島崎藤村を中心とした当時の文学青年仲間との関係を示し、国男が新体詩を詠まなくなったことが、国男一人に起きた特別なことでなかったこと、文学者たちによる国男の新体詩の評価も、明治の当時から特に高かったわけでないこと、また当時の文学青年の中心にいた島崎藤村の影響が、一人国男に対してのみでなかろうが、国男にとってはとても大きかったとみられることを論じる。

勿論、柳田国男については多くの研究者によって綿密に資料が集められ、詳しく分析され、繰り返し論じられているので、筆者の見解が特に画期的な新しいものというわけではないが、岡谷氏による歪められた柳田国男像が柳田国男論の場を席捲してしまう前の状態に戻すのが、筆者が小論一で試みることである。

小論三では、新体詩に関係ないながら、柳田国男に何か隠された女性関係がなかったか、要らない憶測をしようとする柳田国男研究者の姿勢を示すもう一つの事件を取り上げ、それもどんなに無責任な軽率な誤りによるものだったかを論じる。南方熊楠紹介のお手伝いに国男が手をつけたのではないかという嫌疑である。

こういう間違いはいったん書かれてしまうと、それを見た人は鵜呑みにしてしまい、もし反証を書いたものが出ても、それを見る機会がなければ、間違った情報を信じ続けることになる。筆者がこういう本を書いても、どのくらいの効果があるか心もとないが、書かないでしまえばその責任は筆者自身が負うことになるので、本に書いて残そうと決心した次第だ。

〈小論一〉

柳田国男が新体詩をやめた理由に島崎藤村の影響を見る

序論

柳田国男と島崎藤村に交流があったことを知っている人は限られているかもしれない。しかし、藤村の「椰子の實」の歌は、今にも歌い継がれていてあまりにも有名で、インターネット時代には、「島崎藤村、椰子の実」と入れて検索する人は、必ずのように、この詩のインスピレーションを藤村が柳田国男から得たという情報を得ることになる。

椰子の實　　島崎藤村

名も知らぬ遠き島より
流れ寄る椰子の實一つ
故郷《ふるさと》の岸を離れて
汝《なれ》はそも波に幾月

舊《もと》の樹《き》は生《お》ひや茂れる
枝はなほ影をやなせる

われもまた渚《なぎさ》を枕《まくら》
孤身《ひとりみ》の浮寝《うきね》の旅ぞ

實をとりて胸にあつれば
新たなり流離《りうり》の憂《うれひ》

海の日の沈むを見れば
激《たぎ》り落つ異郷の涙

思ひやる八重《やへ》の汐々《しほじほ》
いづれの日にか國に歸らむ

柳田国男が大学一年を終えた明治31（1898）年夏に、伊良湖岬に一か月ほど滞在した時に、岸辺に流れ着いた椰子の実を見て、遠い南の国から流れ流れて日本に漂着したのだろうと思いを馳せた経験を藤村に話したところ、藤村が「君、その話を僕に呉れ給へよ、誰にも云はずに呉れ給へ」と言って、詩に作り、第四詩集『落梅集』〔明治34（1901）年8月〕に載せて発表したと、国男自ら思い出話として語っている。勿論、日本の南の海に椰子の実が流れ着く話をそれまでに藤村が聞いたことがなかったとは思わないが、国男の話を聞いた時に、詩に詠むインスピレーションを受けたのだろう。（国男の話の全文を末尾に載せた。）

柳田国男は最晩年〔没年昭和37（1962）年、87歳〕の昭和32年末から年明けて3月末まで、昭和33年の神戸新聞の創刊60周年記念の特集として掲載するため、毎週2回インタビューを受け、自伝的な思い出話を語った。これは昭和33年1月8日から9月14日まで200回にわたって連載記事とし掲載された。

翌年昭和34年にそれは『故郷七十年』として、のじぎく文庫から出版され、更に同書はその頃出版の始まった『定本柳田國男集』別巻第三に収録された（筑摩書房　昭和39年）。『定本柳田國男集』別巻第三では神戸新聞には載らなかった話をまとめて「故郷七十年拾遺」が付されている。この「拾遺」の方に柳田国男自らこの話の経緯を語った文が収録されている。『故郷七十年』は10年後の昭和49年に朝日選書からも出版されている。これには『定本』に「故郷七十年拾遺」として入れられたものが、他と別にせず、まぜて使用されている。

その後平成3（1991）年に発行の始まった『柳田國男全集』（筑摩書房）の第二十一巻（1997年）

では、『定本柳田國男集』に習い、「故郷七十年」と「故郷七十年拾遺」と両者が別々に収録されている。一方、ちくま文庫の『柳田國男全集』には「故郷七十年」「故郷七十年拾遺」の収録はない。

「故郷七十年」には、この思い出話の収録と『定本柳田國男集』の発刊の企画が重なっていたからだろう、新体詩を『定本柳田國男集』に載せたくない国男が、自分の恋を詠んだ新体詩は和歌の題詠の練習からくる、作り物の域を出ないことを繰り返し述べていて、それが研究者に違和感を与え、新体詩に詠んだ恋の事で何か隠し事があるのではないかと、要らない詮索をされる原因になってしまったようだ。

椰子の實のエピソードのあった明治31年と言えば国男は(まだ柳田家に養子に入る前の)松岡姓で、前の年の秋に東京帝大の一年生になったばかりだった。国男24歳。大学一年生としては、ちょっと年をくっている。

国男は明治20年12歳のときに、故郷播州の親元を離れ、千葉で医者をしていた長兄のもとにあずけられて、勉強もさせられないまま、遊ぶにまかされていた。明治22年になって播州を引き上げ、千葉の長男の元に合流した両親がそれを見てあわてて、急遽一高入学を目的に、明治

24年17歳のときに漸く中学に入れられたという、遅い出だしだった。

国男の両親は播州辻川の土地と家を手放して、それまで地元で小学校長を務めていた長男鼎にあらためて東京で医学を修めさせたという事情があり、お金は全くない状況だった。次兄井上通泰は12歳の時、医家井上家に養子に行って、早くから東京に出て、当時東京帝大の医学部にいたが、明治24年に卒業したので、漸く国男の学資の面倒を見られる状況も生まれたことによる、進学だった。国男は家から学資を出してもらえると思っていなかったので、学資のいらない商船学校に行って船長になれば船の中で本も読めるし、外国にも行かれるからいいと思っていたと書いている(「二兄の心遣ひ」『故郷七十年』)。

島崎藤村は国男の三歳年上である。藤村は神田の共立学校で牧師木村熊二に教えを受け、明治21年に洗礼を受け、キリスト教徒になっていた。明治22年、ヘボン等のキリスト教宣教師によって創立されたばかりの明治学院に入り、2年後の明治24年に卒業している。二十歳だった。キリスト教徒の巖本善治の主宰する『女学雑誌』に翻訳を載せていた関係で、星野天知、北村透谷､平田禿木と知り合った。戸川秋骨とは明治学院の同級生だった。明治26年に巖本の作った『女学雑誌』から分かれて作られた『文學界』の同人となり、戯曲、紀行文、小説、評論、そして新体詩を載せていた。初期の投稿者には、星野天知、北村透谷、平田禿木、戸川秋骨、戸川残花、樋口一葉、馬場胡蝶がいた。少し後に、田山花袋、上田敏、大野酒竹(戸川秋骨の従兄)、そして明治28年になって当時松岡姓だった国男がまず短歌や短篇の創作、そして新体詩を寄せるようになった。

『文學界』は4号までは「女学雑誌社」から出されていたが、その後「文學界雑誌社」から発行されるようになった。星野天知・夕影が出版に当たっていた。その出版元を明治28年6月から、国男の又従弟に当たる中川恭次郎の本郷森川町の家に移したことが、国男が新体詩を詠んで投稿するきっかけになり、藤村等と知り合うきっかけになったのだった。

中川家と松岡家は両家とも播州の地で近しい親戚関係にあった。

中川家は代々医者の家で、恭次郎も本来は医者を目指して医学を専攻していたが、医者にはならず、医者の出版する本をまとめるというような、その時々の仕事を引き受けてしていたという。国男の話(「中川・井上・松岡三家の関係」『故郷七十年』)によると、恭次郎は医者になってしまうと、故郷に帰って医院を継がなくてはならないのが、いやだったのだそうだ。国男の次兄井上通泰と中川恭次郎は、通泰の井上家の父が、中川恭次郎の父の弟硯平が井上家に養子に入った人だったということで、両者東京に住むようになってからは、特に親しい間柄になっていた。

また、国男たち兄弟の父方の祖父は、中川恭次郎の(川邊の)中川家の何代か前に別れた親戚筋の（網干の）中川家から松岡家に婿養子に入った人だった。その姉が網干の中川家から、川邊の中川家に嫁いだのが、恭次郎の父と井上姓になった弟硯平等の母親である。夫が亡くなり、子供がまだ小さかったので、お弟子の中から恭次郎の父に当たる人を養子に入れて、しばらく医院を継いでもらったという関係にある。

このように中川恭次郎と松岡家は故郷での二重の近しい親戚関係もあり、一高に入って本郷に下宿するようになった国男は、恭次郎が本郷森川町の家で「文學界」の出版元を務めるようになると、仕事柄届く新刊書等を読むのが楽しみで、立ち寄るようになっていたのだった。

巖本善治を通して中川恭次郎が『文學界』の出版元を頼まれたのは、同じ播州出身の巖本に頼まれ、それまで出版元を引き受けていた星野天知・夕影兄弟を紹介されたからだった。こういう話も国男が思い出話として語っている（「柔道のけいこと『文学界』への寄稿」「明治女學校と播州人」『故郷七十年』）。

国男は、15歳の頃から歌を桂園派の歌人松浦辰男（萩坪）について勉強し、医学の道に進みながら歌人でもあった次兄井上通泰に連れられ、通泰が親友関係にあった森鷗外に紹介され、鷗外と通泰が一緒に作った「しがらみ草紙」に歌を載せてもらったりして早熟ぶりを見せていた。そういう国男が『文學界』を知って、自分も新体詩を投稿してみようと思ったのも自然の成り行きだっただろう。国男は歌の師のところで4歳年上の文学を志す田山花袋と知り合い、ずっと特別に近しい親友関係にあったことは、よく知られている。出会いは国男16歳、田山20歳の時だった。『文學界』には田山が先に投稿を始めていた。

松浦萩坪門生の作っていた紅葉会という会があり、国男はそこでも田山、国木田独歩、太田玉茗、宮崎湖處子と親しく交わった。国木田が中心になり、このメンバーに嵯峨廼舎御室(矢崎鎮四郎)が加わって明治30年4月『抒情詩』を出した。

国男が晩年、新体詩を『定本柳田國男集』に入れることを拒否したことは、「峻拒」という言葉で語られるようなる。この言葉は、柳田の家の中に設けられていた民俗学研究所の代表理事だった大藤時彦氏によって初めに使われた言葉だったのだろうか(大藤時彦『柳田國男研究』、1973年、筑摩書房)、国男が新体詩を詠まなくなったことに言及する際、この「峻拒」という言葉と、また、「歌のわかれ」という、他で使われるのをあまり聞かない言葉が必ずのように付いて回ることになった。

国男が『文學界』に初めて投稿したのは、明治28年10月号、赤松某の名で「まとのともし火」という題で和歌を6作載せている。翌29年2月号には「利根の夜船」という短篇を赤松國祐というペンネームで投稿している。新体詩を載せたのは明治29年4月号が初めてである。『文學界』

への新体詩の投稿は明治30年5月まで。『國民之友』にも明治29年12月に「こひ草」6篇と、30年5月に「野邊のゆきき」2篇を投稿している。『文學界』は明治31年1月に廃刊になったが、国男はその後も『帝國文學』の明治31年12月号、明治32年1月号、5月号、6月号に新体詩を載せている。

国男の新体詩作りは、ちょうど三年二ヶ月の間のことだった。大学入学の遅かった国男が、大学二年次を終える頃までだ。この間の国男の新体詩については、『抒情詩』に「野邊のゆきき」として載った20篇。また、それに先がけ、同年1月に出された『山高水長』という詩集に、他の12名の人の作品とともに入れられた「野邊の小草」という題のもとにまとめられたものがある。「野辺のゆきき」に入れられたものと重複するものもあるが、他に15篇が入れられている。但し、国男はこの詩集の出版のことは知らされておらず、全く関与していなかったという。編者は石橋哲次郎、出版は増子屋書店。

若き国男が三年二ヶ月、新体詩に恋を詠んで、仲間の評判が良かったのに、その後新体詩を詠み続けなかったことが、何故国男の死後、「歌のわかれ」として、研究者に注目されるようになったかは、皮肉にも、国男自身が晩年に語り残した、自身の詠んだ新体詩についての否定的な談話の数々だった。

次に『定本柳田國男集』の「故郷七十年」と「故郷七十年拾遺」から、当該箇所を引用して、その繰り返しの執拗なさまを一覧する。

国男が神戸新聞創刊60周年の記念の企画ということで、「故郷七十年」と題して思い出話を語った時と、『定本柳田國男集』の刊行が決まった時が重なっていたために、新体詩を『定本』に入れてほしくない国男が自分の新体詩がでっちあげの作り物だということを繰り返し熱心に語ることになったという事情があるだろう。（以下太字は全て筆者による。）

「再び文學界のこと」

私は文学界に新體詩を出したことがある。藤村の勧めがあつたのかも知れない。しかし、**連中の詩は西洋の系統から來て居るので、胸の中の燃えるやうなものをそのまま出すのが詩といふものだと考へてゐた。私の方は初めに和歌の題詠で稽古してゐるのだから、全く調子が違ふ。**それが日本の短歌の特長でこれこれの詠題で、例へば深窓の令嬢にでも、「恨む戀」などといふ題を與へて歌をよませたものだ。出されたお嬢さんの方は困るが、それでも「和歌八重垣」とか「言葉の八千草」とか色々の本ができてゐるので、その中から適當な部分を探し出して、歌を組立てるわけである。通例、使はれる言葉三十か五十か並んでいるから、それを組合せて歌をデッチ上げるわけであつた。これが昔の題詠といふもので、それを盛んにやつて達者になつておき、他人から歌ひかけられたときなど、直ぐに返歌が出來るやうになつてゐなければならないといふ所に重きがおいてあつたわけである。**いはばお座成り文學といふ気持ちがあつた。**私ら後には題詠でうんと練習しておかなければ、いざ詠みたいといふ時にも出ないから、そのために題詠をやるんだナンテ云つたりしたが、**まあ、藤村あたりの叙情詩とは大分距たりがあつたのは事實である。**

ここでも国男は藤村の詩と自分の詩を比べて語っているが、「連中の詩は西洋の系統から出ている」というのは、その仲間が和歌を詠まない人たちだということだろう。

「歌口」

民友社から出した我々六人の新體詩集『抒情詩』についてはいろいろの思ひ出がある。（中略）私の詩は「野邊のゆきき」といふ題であつた。利根川べりの秋の寂しい景色を描いた抒情詩で、想像でスケッチ風に書いたものである。

（中略）

紅葉会の連中がまた「松風集」という歌の本をまとめて出したことがある。今では珍本だが、みな「題詠」ばかりである。ただ稽古のつもりで書いた歌を集めたにすぎない。戦前に改造社が『新万葉集』を出した時、**折口信夫君が自分にまかせてほしいといつて、その「松風集」一冊を種本にして私の著作を入れようとした。私としては稽古のために作る題詠の歌をそのまゝ後世に残る選集に入れるのは困るではないかと、申入れして止めてもらつたことがあつた。**

右で注目すべきは、松浦萩坪に長年師事して勉強して作った和歌も、既に戦前に折口信夫の誘いを断っていることだ。和歌も新体詩も、国男にとってはお手軽に作った作り物なので、『定本柳田國男集』に載せて後世に残したくないというのは、国男の強い思いであり、そのままに受け止めるべき本心だったことがわかる。

「文學の両面」

歌や文學の持つ両面を私は身をもつて経験させられたと思つてゐる。すなわち一**つはいはゆるロマンチックなフィクションで、自分で空想してなんの戀の歌でも詠めるといふやうな側と、**もう一つ、自分の経験したことでなければ詠めない、あるいはありのまゝのことを書く真摯が文學だといふ近ごろの人々のいふやうな側との二つで、この對立を私はかなりはつきり経験させられた。

私などの作つた新體詩はその前者の方であつた。やつと二十そこそこの若い者にそうたくさんの経験がある気遣ひはない。それでゐて歌はみな痛烈な戀愛を詠じてゐるのだから、後になつて子孫に誤解せられたりすると、かなり困ることになる。もちろん当時の新體詩にも二つの方向があつた。一つは西洋の詩の影響を受けたもの、もう一つは私のやうに短歌からきた題詠の稽古と同じ方法をとるものであつた。

さういつた作詩、作歌のうへのフィクションが一種の情操教育になつたのではないかといふ點になると、それはたしかにあつたかと思ふ。**我々のやうな男には露骨に男女の情を表はすやうなことは、実際生活にはあり得なかつたので、詩文によつてやさしい気持ちを養ふ役には立つたかもしれない。**（後略）

「頓阿の草庵集」

今でもよく憶えてゐる。われ〳〵松浦先生の門下で作つてゐた紅葉会では、よくいくらか冗談半分に「何々の戀」とか「寄する戀」、例へば「虫に寄する戀」とか「花に寄する戀」とかいふ題で詠ませる習慣があつた。深窓の處女といへども歌の練習にこれを作つたのである。**後の世になると事實と空想との境がはつきりしなくなつて、これをしも真実の告白と思はれてはたまらない。**（後略）

「湖處子の『歸省』」

私には若いころの詩集が一つある。六人の仲間のものを集めた新體の詩集で『抒情詩』といふ名で出されてゐる。才気のあつた國木田獨歩が、六人の詩を集め、國民新聞にゐた關係から、民友社に話して出したものであつた。全部國木田まかせにしただけであるが、この詩集についてはいろいろ記念すべきことがあるので、それについて二、三書き殘しておきたいと思ふ。

この六人の組合せは國木田の考へによつたが、初めに知つてゐたのは、田山と國木田と私が入つてゐることだけであつた。他の三人のうちの一人は、田山の細君の兄さんの太田玉茗といふ坊さん、もう一人は嵯峨廼舎御室といつて、後に二葉亭四迷などとロシア文學の研究をし、割におそくまで文筆活動をしてゐた矢崎鎮四郎である。坪内さんが春廼舎朧といつてゐた自分に、ナニノヤナニといふ名前の人が四、五人出來た中の一人であつた。この人をどうして六人の中に入れたか、私には判らない。

それからもう一人、この人が故郷といふものに關連して、私が一度は傳へておきたかつたと思ふ宮崎湖處子であつた。年配も國木田より上で、われわれより十も上だつたのではないかと思ふ。國木田と同じやうに國民新聞の記者をしてゐた。

国男は右の文で宮崎の『歸省』について語る。

「歸省」は小説ともつかず、感想文ともつかない、新舊の中間になる文學であるが、大變大勢の人に愛讀され、われわれもその熱心な讀者であつた。この中にいふ「故郷」が、今私が「故郷七十年」の中でいつてゐる「故郷」といふ概念に似てゐるやうな気がするのである。せんじつめると、どこが故郷のいゝところか、故郷とはどこまでいゝものか判らないけれども、歸つてみれば村の人はみな知つてゐて、お互ひの気持ちが口に出さなくとも通じるとか、中には子供で別れたのがもう大人になり、細君になつてゐるといつた、センチメンタリズムもあるが、宮崎君はそれを忠實に書いたのである。

「無題の歌」と題した話でも、国男は宮崎湖處子に言及している。

宮崎湖處子の「歸省」といふ心持にしても、そのころの學生がなんとなくこれに共鳴するのあまり、一種の概念にしてしまつた感がある。歌でもさうで、すべて一般の定義みたいなものを形づくつてしまつた。それが日清戦争ごろまでの思想になつてゐた。私らも要

するにその奴隷のやうなもので、そのやうな考への追随者であつた。

今日のやうに實驗したものを直ぐに書くといふ文學は、明治三十年以後に盛んになつたのではないかと思ふ。湖處子あたりがその境目になり、誇張はしても、空想でなく、事實あつたことを誇張したものであつた。私の「野邊のゆきゝ」なども全部これであつた。題詠の習慣があつたので、新體詩も大體そのやうに考へられ、戀愛を若い者が詠むのが普通だといふことになり、戀愛ならばおよそ湖處子の「歸省」みたいなものか、さうでなければ往來の行きずりの話とか大體題材がきまつてゐた。後年の人がそれを讀み返すとき、當時の風潮といふことを考へて、それだけの用意と理解とをもつて讀んでもらひたいと思つてゐる。

六人の仲間と作った『抒情詩』には、六人が各自、自作の詩を並べた初めの部分に「序」を書いている。国男の書いたものは、今の読者にはいささか判りにくいが、

此新體詩といふものゝ、行末さかえなむ為には、我を忘れて、言葉に、調に、さまざまと心を尽したまふ人も多きに、胆太くもかくの思のまゝなる事を言ひ出でむは、殆許さる

まじきわざなるべし、されどいかにせん、此は我が歌なり、よし此言葉づかひ、世のさだめに違ふこと多くとも、猶これはわが思を舒べたる、我が歌なるをや、（全文を小論一の末尾に掲載する）

と、読みようによっては、人は型にはめて作っているが、自分は本心を詠んでいると言っているようにも読める。岡谷公二氏はそうとっている。しかし、河合酔茗は、国男の序の同じ箇所を引いて、国男の抒情詩には国男が「言明してゐる通り、和歌の情調が詩にも浸透してゐた」と解釈し、藤村の詩については、「藤村の如き『若菜集』の詩には和歌の手法を取りいれてゐながら歌とも異つた独創の詩興を拓いてゐる」と評している（『短歌研究』第三巻第二号、昭和21年3月）。

国木田独歩は、「余は新體詩が今後我國の文學に及ぼす結果の予想外に強大なるべきを信ず」と書き、田山花袋は長い序を書き、「新體詩の世にある、久しからざるにあらず。しかも未だ世に認めらるゝに至らざるは、果して眞価値のあらざる故か」「見よ、今の新體詩壇のきはめて荒涼たる光景を呈したるを」「これわれが今の新體詩家の多くの、のぼるべき山の麓にさへ、未だ到着して居らずといふを憚らざる所以なり」等々と書き、新体詩というものが、まだ試みの段階にあることを述べている。

筆者が中学、高校の頃は、国語の時間に、明治15年に『新體詩抄』を井上哲次郎、矢田部良吉、外山正一の三人で出したことを暗記させられたものだが、矢田部良吉が筆者の祖母(国男の妻)の上の姉の夫だと聞いたのと重ねて、覚えている。河合酔茗も同じ文の中で、初めの頃の新体詩は「和歌の延長と云つてもよかつたのだ」と言っている。

以上、国男が詠んだ歌及び新体詩についての本人の発言から主要な箇所を引用した。国男本人によって、自分の新体詩は型にはまった、作り物だから後世に残したくないという強い思いが繰り返し語られているわけだが、新体詩のみでなく、和歌についても、ほかならぬ折口信夫の戦前の企画も辞退しているくらいだから、和歌、新体詩ともに、後世に残さないという考えは、早い時期に決めた、揺るぎないものだと言えるだろう。勿論若気の至りで繰り返し恋を歌ったものを残すのが恥ずかしいという思いもあっただろうが、国男が本当の詩人でなかったからこそ、それを自分の過去の作品として、後世に残したくなかったのだろう。『故郷七十年』に繰り返し語り残した言葉を、国男の本心としてそのまま受け止めるか、或いは、83歳という最晩年に、青春時代の恋を詠んだ詩を、『定本柳田國男集』に載せないことに、これほどこだわるのは何か怪しい、新体詩に詠んだ恋人と何かあったのにちがいないと想像するかだが、何かあってほしいという下心がなければ、そのままに受け止めない理由はどこにも見えない。

特に民俗学者柳田国男が、その当時の文化を知らないと後の世代の読者が真実を読み違える心配のあることを瑚處子の「帰郷」を引用するなどして繰り返し警告しているのだということが分かる。それを岡谷氏は「真実を偽っている」と言い、「そこで歌われている恋愛を隠蔽しようとした」と言い、「重大な犯罪が発見されるのを怖れて、残した指紋を消そうとする犯人のようだ」と言う。全て、新体詩の恋人との間に隠し子を作ったと考えているからの言葉である。柳田国男については「韜晦」の多い人と書かれるのをしばしば目にするが、繰り返し真相を伝えようとしていることまでが、隠し事をごまかすためと疑われているのではないだろうか。

筆者は、柳田国男が恋人との関係を隠すためにならこれほど繰り返し同じことを言って、『故郷七十年』に書き残そうと思うはずもないと思う。実際に恋人との間に隠さなくてはならないほどの何かがあったという話は、一切伝えられていないのだ。国男の恋については田山宛の手紙と田山が国男をモデルにして書いたいくつもの小説によるより、いささかでも知る手立てはないのだが、これについては、小論二で詳述する。

柳田国男が自分の新体詩について「故郷七十年」に繰り返し語っている、自分の新体詩がおざなりの、でっちあげの作りものだったということ、詠んだ恋も二十歳そこそこの若者が大した経験があるはずもなく、当時の風潮に倣って拵えたものだったということ、だから『定本柳田國男集』に入れる価値のないものだと言うのを、国男が本心を言っていると信じられない人がいるわけだが、そういう人は国男の新体詩を過大に評価しているのかもしれない。後世の研究者から見ると、国男が新体詩を一緒に読んだ仲間が日本文学史を彩る高名な人たちだった、そういう仲間に新体詩人としてもてはやされていたということに影響を受けている面があるのかもしれない。

国男の新体詩が実際のところ、どう評価されてきているのか、参考資料は多い。後藤総一郎監修の『柳田国男研究資料集成』第一巻を見ると、国男等の『抒情詩』(明治30年4月)が出た直後に出された複数の批評が収録されている。

一番初期の資料が『反省雑誌』第12巻第4号(明治30年5月)の無署名の「新躰抒情詩是非の三要素」、及び『帝国文學』第3巻第6号(明治30年6月)の「は、な」という署名の「新躰詩界雑感」がある。この2篇は新体詩全般について、主としてその未だ幼稚で不完全であることを指摘している。「は、な」氏はまず書き出しから、新体詩に詠まれる恋について書き、国男等の『抒情詩』にも言及している。

近時の新躰詩に最も多く吟ぜらるゝものは恋愛なり。恋愛詩は抒情詩中の至醇なるものにして、能く読者の魂をして恍惚夢幻の中に彷徨せしめ、或いは同感の胸を襲ひて泫然暗涙を禁せざらしむ。思ふに抒情詩中斯く迄広く又深く感せらるゝものはあらさるへし。然るに現時の新躰詩界を通観するに、「恋」といふ字は秋の夜の星の如く多しと雖も、其能く感情の奥底より発して人の心胸を透徹するに足るもの殆ど一もあるなし。近刊「抒情詩」の作家は何れも多情熱血の士、恋愛の崇拝家なりと覚ゆるに、何ぞ其歌ふ処の軽浮にして、恋を玩弄物視するの甚しきや、思ふに彼等未だ恋の殿堂に上らず、其血は未だ強熱白熾の程度に達せす。唯専ら欧州詩人の口吻を学びて其足跡を追蹤するに留るが如し。彼らはウヲーヅヲウース風の沈静平穏の詩情を以て恋を歌はんとす、此を以て失敗せしなり、然れとも此れ実に現今少壮詩家の通弊にして、独り彼等をのみ尤むへきに非す。

同じ『帝國文學』第3巻第6号（明治30年6月）の「奥生」という署名の「抒情詩」は、国男等の『抒情詩』そのものの批評だが、

批評などゝ騒ぎ立つる程の作も見えねど、中には拾ひて見度きものもあり、また徒に活版

屋の活字拾ひを苦しめたるのみの駄作も多ければ、篇中特に目につきしもの丈を採り出でゝ、多少の評を試みむ。全体に就て、先づ目障りとなりしは、各自いかめしき序を書きたると、小供だましにも付かぬ挿画の有ることとなりけり。全篇比較的に涙丈は認め得るも一片真情の有無を疑はしむるもの多く熱血の無きは云ふまでもなし。

と、手厳しい。まず独歩を取り上げたのち、国男の「野辺のゆきゝ」に言及する。

調なだらかに詞穏かに語句の使ひ具合丈は篇中第一と申すべきか。其他の点に於ては他の諸氏と大差なかるべし。野末の雲、暁やみ、はた左にとり出でたるものなど面白く覚えたり。概して君の歌は情もあり涙も多少見受けられたり。

　あすの別をかなしとて
なけくをとめを見る程に
たそがれ時になりにけり、
をとめよ今はかひもなし、
遠きあなたに別れゐて
夢に見る身とならん時

なきつる君がおもかけの
見えなばいかにつらからむ、
我もなみだはぬぐふべし
君もかたらへほゝゑみて、
ひがしに月も出てたるに、

同じ明治30年6月の『早稲田文學』第36号に乗った繁野天来による「『抒情詩』を評す」は、同じ月のうちに『国民新聞』(明治30年6月20・22日)に「抒情詩編輯者」により「繁野天来に与ふる書」という反論が載せられた。『国民之友』第20巻第354号(明治30年6月)には国木田哲夫(独歩の本名)が「新躰詩の現状」という文を載せ、繁野天来の批判にも言及している。その後『早稲田文学』第39号(明治30年8月)に再び天来から「抒情詩編集者に答ふ」が出された。繁野天来は『抒情詩』の仲間の詩の「根本的な特質はその感触の女性的なるにあり、思想の小児的なるにあり」と評す。

此派の詩人は、生存競争場裡(人生)の痛苦に対し得ずして慰藉を求むるに余念なきなり。幸にしてこゝに平穏幽閑なる自然あり。安息を欲する彼等は、その隠れ家を此裡に探らざる可らず。(中略)

所詮彼等の理想は、平穏幽閑なる田園に退き、恋を伴としてケーヤレスライフを送るにあらむ。若し彼等にアスピレーションなるものありとせば、たゞこれのみ、たゞ此一事のみ。

繁野天来は三木天遊と共に『松虫鈴虫』という新体詩集を出している。

『国民之友』第22巻第355・357（明治30年7月3日・17日）に小林暁波が「『抒情詩』を読む」を載せている。小林は「梅花集」（与謝野晶子）と「青年唱歌集」（山田美妙）が価値ある新体詩集だったところに、近来「花紅詩」（大町桂月、塩井雨江、武島羽衣）、「この花」（佐々木信綱）、「抒情詩」の三編が加わったと書く。そのうち、小林は「抒情詩」を取り上げ、その中で国男の「野辺のゆきゝ」を取りあげて、四ページにわたって、細かく批評している。（以上詩集の名に続くカッコ内は筆者）

恋に傾けるはいかゝなれど、想に偶、新らしきあり。調流暢にして変化少なけれども不可ならず。最も可憐の想に富む。

全編を通じていはゞ、単想、単調に過ぎて、新躰詩の面目には稍ふさはしからぬと思はる。（中略）

野辺のゆきゝにつきてはいふべきところ多し。全篇一として拙の拙なるものあらざるは、吟者松岡子の句を行るに心を用ゆる深し、つとめて句調の想に伴ひてはなれざるをつとめられしが故ならむ。それに拘らずして、最巧の域に達せぬの多きは、実情を直に詩に詠ずる事の弊ありて、実情を想の側より、また、想を実情（実景）の側より詩となさぬが故なるべし。往々、想の無き自然のあり、または、全節妙にして緊接ならざるあるも、この為か。松岡子は、少しく、叙事詩的叙情詩を作られなば、この短所の自然に消ゆべし。

以上の他にもこの年、新体詩についてはいろいろ書かれたようだが、『抒情詩』に触れていないものも多かったようだ。要するに、『抒情詩』が出たばかりの頃は、国男の新体詩も、当時の仲間たちの新体詩も、和歌や俳句に取って代わる新しい詩の在り方として、まだ未完成の、不足の目立つものだったという評が専らだった。国男はこの時から既に、自分が得意になって詠んでいた新体詩の評価が、友達がもてはやすほど文学的に優れたものでないことを自覚させられたということになる。

後の批評家たちは、どう言っているだろうか。『明治文学全集』60の『明治詩人集㈠』（１９７２、筑摩書房）に、矢野峰人による詳しい解説がある。その中で矢野は『文學界』の文学史的意義を語りながら、平田禿木の昭和12年の「文學界の頃」をひいている。

私共は何も「ロマンティシズム」とか「運動」とかいふものを意識してやつたのではなく、唯々傾向の者が偶然集つて、その書いたものを互ひに見せ合ふといつた気持に過ぎなかつたのである。「高踏派」と呼ばれただけあつて何れも皆はにかみ屋で、なかなかそんな勇気はなかつたのである。

矢野はさらに、『文學界』には「後世に残るやうな作品の多くが掲載されたわけではない。その中に在つて云々」と、松岡国男が総計26篇の詩を載せていて、それを『抒情詩』や『山高水長』の詩集にして出していることを言い、「『若菜集』と共に、『文學界』が新体詩史上有する意義を物語るものと言つてよかろう。」と書いている。

続いて『抒情詩』について書いているところでは、国男の詩の「そのすぐれたるものに至つては、たしかに先輩詩人藤村をもよく凌いでゐると評しても過言ではあるまい。」と書いている。

『抒情詩』の「野邊のゆきき」を高く評価したことで知られているのは、水野葉舟だ。『明治文学の潮流』（紀元社、１９４４年）で、国男の抒情詩は藤村の『若菜集』より優れていると言っている。水野葉舟は国男に遠野の佐々木喜善を紹介して、『遠野物語』を語らせた人である。

私はまだ学生の時分から、この「野辺のゆきゝ」にふくめられている抒情の詩、それに入っていないで——その後に公けにされた作品であろう、雑誌『帝国文学』その他に散らかって公けにされていた作品を極愛していた。（中略）「野辺のゆきゝ」の新鮮さは、『若菜集』よりも強く光を保っていると私は思っている。

日夏耿之助は、『日本現代詩体系』第二巻浪漫期（上）（河出書房新社、１９５２年）に『抒情詩』全文を掲げ、解説でも字数を使って論評を加えている。

「浪漫的欲求は『文學界』といふ片々たる一雑誌に最もつよく現れ、その中から三十年代浪漫詩潮の主導者藤村が出た。」

「心内の痛みは透谷が痛烈と凄壮とにまさり、形をなす技巧は藤村が晩く出て早く進んでしまつてゐた。併し、四巻の詩集（藤村の四詩集—筆者註）の詩的道程の度合いは、三十年代浪漫期の代表佳品たるにとどまつた。（中略）藤村の詩的限度を自ら劃したのかも知れなかった。

日夏は国男についても書く。

「國男はもと詩情に富む素質の人柄であり、措辞も亦花袋等より典據もしっかりしバランスのセンスもあったが、大才でなくしてこの方面に於てもこの度合の才能を発揮しうることの立證をなす程に至るには自らも自信がなかったかして、（中略）自分の學問的本道へ進んでしまった。

蒲原有明は日夏耿之介監修の『日本現代詩体系』第二巻（河出書房新書、1974年）の月報に、『抒情詩』の特に松岡国男の詩を評価し、「知性の詩」という言葉で言っている。また、『飛雲抄』（書物展望社、1938年）では、「松岡国男氏の諸篇の如きは我邦に於てまたと再び得られぬ純粋な抒情詩であろうことに疑いはない。」〔1907（明治40）年に書かれたものである。〕

最近の評論では、筆者は、『柳田國男事典』（勉誠出版、1998年）で「短歌」の項の執筆を担当した古橋信孝氏（日本文学者）の書いていることに、共感する。砕いて言えば、国男の歌も詩も、特に特別でなく、昔の人は誰でもそれくらいのことはやれた。やめたのをそれほど惜しむ必要はないと言っている。引用する。

来嶋(『森のふくろう』)だけでなく、小田富英(「新体詩人から『うた』の別れへ」『柳田国男伝』後藤総一郎監修)も民俗学へ向かう柳田に「歌のわかれ」をみているが、柳田に「歌のわかれ」を深刻にみるべきではないと思う。多くはないが、歌はずっと作り続けられる。柳田の歌は生涯を通じて大きな変化はないし、限界を感じたようにも思えない。柳田にとって、歌は折々に訪れる実感を表出するもので、目的とするのではないからだ。これは詩についてもいえることで、短歌に限界を感じて詩に向かったわけではないし、詩に限界を感じて止めたわけでもないだろう。柳田にとって、詩と短歌は連続していたし、民俗学へも連続していた。(中略)

文学青年が文学に絶望してというようなこともないし、**すぐれた文学的な資質をもっていた少年が他の道に進んだというような神話も、やめたい気がする。或る程度の才能があれば、言葉に対する感受性は磨かれていくもので、すぐれた才能があったかどうかは後の仕事によって判断されることなのだ。**柳田は幼少期から漢籍、漢詩、和歌などなんでもよく読んでいる、たいへんな読書家だった。そのような書物に対する蓄積があり、文学に関心があれば、あるレベルの歌や詩は誰でも作れる。柳田の歌はその程度のものだった。むしろ、そう考えることが柳田の思想にかなっている。「歌のわかれ」として取り出すのは、近代的な作家論の視座で、近代以前の学者、文学者たち、つまり文にかかわる人たちは文章も書き、歌も詠み、なんでもよくした。柳田はそういう流れのなかにみられるべきだと思う。

以上、総じて、国男が新体詩人として生きなかったことを惜しむ人は、ほぼ皆無と見なしていいように思う。同じ『柳田國男事典』の「新体詩」の項の一部を担当した吉田文憲氏は、

ところで当時の柳田の新体詩にたいする評価は、作家水野葉舟の、「『野辺のゆきゝ』の新鮮さは、『若菜集』よりも強く光を保つていると私は思つている」(『明治文学の潮流』)というようなやや過褒気味の賛辞をはじめ、蒲原有明の、「松岡国男氏の諸篇の如きは我邦に於てまたと再び得られぬ純粋な抒情詩であろうことには疑ひはない」(「飛雲抄」)という強い支持の表明など、一部に熱烈な支持者・愛読者を得たが、一般的には中村光夫の、「その詩からは後期のしごとを予測させるものはなにもない」(『明治文学史』)といった言い方に代表される、柳田自身の否定に歩調を合わせたかのようなその後の柳田民俗学とはあま

り関係のない「一種の若気のあやまちの如きもの」とみなされている。

と書きながらも、続けて、

だが、このような作者自身からさえも継子扱いされている新体詩をはじめとする初期の文学作品に根本的な修正を迫るような論文が、平成八年に一冊の本となって刊行された。それが、先に紹介した岡谷公二氏の『殺された詩人』である。

と、解説を進める。岡谷氏のこの著作のタイトル「殺された詩人」は、柳田家に養子に入った柳田国男が詩人松岡国男を殺したという意味なのだ。

筆者は、本書に掲載した小論二で、岡谷氏の一連の柳田国男論の、「恋の挫折による罪責感」が国男が詩人であることをやめた理由だという説を、そもそも根拠からして誤りだと論証している。岡谷氏は、「恋の挫折」を、恋人との間に子を作り、その子を中川恭次郎に「隠し子」として育ててもらったという、「罪責感」だと言い（少なくとも、そうとれるように書き）、その後の国男の生涯は「余生」だったと論じているのである。柳田国男にとって民俗学が余生だった、詩人として生きるべき人だったということを言っているのであるから、びっくりする。

そもそも青春時代に三年二ヶ月新体詩を詠んだからといって、その人を詩人である、詩人として生きるべき人だったというような議論が成り立つものだろうか。

国男が大学入学後まもなく新体詩を詠むことをやめたことを、「歌のわかれ」という言葉で論評することが、一種のはやりのようになって定着してしまった感があるが、『文學界』で新体詩を詠んだ仲間も、誰一人新体詩を続けた人はいない。この人たちを取り上げて「歌のわかれ」があったことを論評する研究者がいるだろうか?

島崎藤村は明治34年の第四歌集『梅花集』をもって、詩作をやめ、小説家になった。北村透谷は明治26年に自死した。平田禿木と戸川秋骨は英文学者になり、翻訳をしたり、戯曲を書いたり、評論をしたりするようになって、詩人として生きていない。田山花袋はしきりに美形の親友国男を主人公、或いは登場人物として使って小説を書いていたが、明治40年『蒲団』で、自然主義小説家として、揺るぎない地位を築いた。

「歌のわかれ」という言葉を探すと、中野重治の昭和14年の小説『歌のわかれ』が有名だが、中野重治は、柳田国男とも交流のあった作家だということで、この言葉が重宝に使われる原因の一つになったのだろうか。中野の『歌のわかれ』では、主人公は和歌を詠む青年で、和歌を詠むことにたけていて、またそれが生きがいでもあるはずなのに、世間の和歌を詠む人が、それを社交に使っているような俗な面が許せずに、和歌を作ることに決別するという筋になっている。

「歌のわかれ」という言葉が、国男の新体詩離れに関していつから、どういうきっかけで使われるようになったのか、筆者は検証まだ半ばだが、橋川文三が昭和43年の著作で使っている（「柳田国男―人間と思想」、未来社『近代日本政治思想の諸相』）。

橋川の場合、国男に重大な「歌のわかれ」があったという議論ではない。橋川は、国男が新体詩を作らなくなったことを『文學界』の終刊号に載せられた藤村の告別の言葉や、藤村の『春』に書かれた平田禿木や戸川秋骨の言葉、また国木田独歩の「欺かざるの記」に言及し、「明治の青春の『夜明け前』の薄明の終わりという流れ」の中にとらえている。橋川文三によるこの評伝は、柳田国男について書かれた初めての充実した評伝と言えるものである。

来嶋靖生『森のふくろう―柳田国男の短歌』（河出書房新社、1982（昭和57）年）は国男の歌の師松浦辰男の死が国男の歌の終焉を決定づけたとし、小見出しを「歌のわかれ」としている。

後藤総一郎監修の『柳田国男伝』の第四章「青春」第二節に「新体詩から『うた』のわかれ」という小見出しが使われている。執筆者は小田富英氏。あえて「うた」と平仮名を使うことで、和歌と新体詩との二者を含むことをはっきりさせるためだろう。本の出版は1988年である。

『柳田國男事典』（1998年発行）では、「文学」の章の「新体詩」の項で、「歌のわかれ」を小見出しに使っている。担当執筆者は前にも引用した吉田文憲氏である。

岡谷公二氏は、国男の新体詩をやめたことを著書の主たるテーマにしているのにもかかわらず、「歌のわかれ」という言葉は『殺された詩人』（1996年）と『柳田國男の恋』（2012年）の共通の箇所で一回使うだけである。新体詩を一つ引用して、「これは、國男のいね子に対する告別の歌であると同時に、彼の歌の別れである」と。また『柳田国男の青春』の筑摩叢書版（1991年）のカバーに書かれた文中に〈歌のわかれ〉が使われている。

筆者は「歌のわかれ」という言葉が国男以外の人に使われている例を一つ見つけた。昭和42年8月に「日本文学」「啄木における歌の別れ」というタイトルで今井泰子氏により書かれた一文だ（『石川啄木全集』第八巻　筑摩書房）。編集者に「歌のわかれ」という題で書くように依頼があったということをわざわざ書いていて、執筆者自身は、一つぴんと来ないものを感じているように見える。

「歌のわかれ」という言葉は、ちょっとしゃれていて、つい使いたくなるような言葉かもしれない。筆者も本書のタイトルを『柳田国男　新体詩と島崎藤村』とするはずのところを、『柳田国男「歌のわかれ」と島崎藤村』としゃれてみた。勿論逆説的な意味でなのだが。

本　論

さて、話を本論である、国男と藤村の交流と、藤村の『若菜集』を見たときの、国男の受けた衝撃へと論を進める。

国男が『文學界』に初めて投稿したのは、1895(明治28)年10月。短歌だった。その時が島崎藤村に名を知られた初めだったか、既に鷗外の『しがらみ草紙』に載せた短歌を目に止めて、名前は知られていたか。国男21歳、少し遅れて入った一高の学生だった。藤村は明治学院を二十歳で卒業して4年後、24歳である。国男の「故郷七十年拾遺」の思い出話によると、

初対面はまだ学生中で明治二十八年であつた。私が暫く大学の寄宿舎を出て、本郷の春木座の傍に二階借りをして住んでゐたことがある。一年ばかりの間であつたが、その時藤村は新花町のこちらに居たし、その前には少し奥に入つた金助町に居た。二度とも私の下

宿と一丁と離れてゐなかつたが、その時からの友達で、（後略）

と言っている。

神戸新聞創刊60周年記念の企画で思い出を語ったときに既に83歳だった国男は、記憶違いを言うことも増えていたのだろうと思う。

明治28年に国男はまだ一高の高校生だった。藤村が本郷の新花町に住んだのは、年譜によると明治30年秋で、国男がちょうどは帝大に入った頃だった。藤村は前年の明治29年は、丸一年東北学院大学に教えに行っていた。国男が『文學界』に初めて短歌を投稿して島崎藤村とその仲間に知られるようになったのは明治28年秋だった。

国男は伊良湖岬に滞在した日取りについても、『故郷七十年』で、両親の生きていた明治29年頃のことのように言っている。これは間違いで、明治31年の夏に同定されたのは、藤村の田山花袋宛の手紙が残されていて、判明したということだ（『故郷七十年』１９５９年、のじぎく文庫、鎌田久子談。また、『藤村全集』）。これは正しくは明治31年、帝大の1年生が終わった時点の夏だった。

岡谷公二氏が国男の「隠し子」説の根拠ともする田山宛の手紙がある。

明治30年8月1日付けの、国男が恋のもつれだろうか、なにやらひどく「煩悶」する様子を露わにした内容のものだ。これは現代人が読むと誰でも、国男は何について、これほど「煩悶」しているのかと思っても当然のような、大げさな文面だ。
田山花袋宛の国男の手紙が遺族のもとから見つかり、館林の田山花袋記念館から出版されたのは1991年のことだった。国男が田山に、「この三年詠んで来た恋の歌の女性はいね子という近隣の実在の女の子だ」と書いている明治29年の手紙が、田山の遺族のところから出てきたのだ。そして件の「煩悶」の手紙も出てきたわけだが、その恋の相手との間に赤ん坊ができるような関係だったことを匂わせることは何も書いていないにもかかわらず、そういう話にしてしまった岡谷公二氏が不思議だ。しかし、それには岡谷氏にはそのような思い込みをするきっかけがあったのだが、この話は小論二にまわす。

この岡谷氏の問題とする「煩悶」の手紙が書かれたのが『抒情詩』の発行からまだ日の経たない明治30年の8月1日であり、国男は田山の小説によると、その直後逃げるように旅に出て、その足で大学に入学するために東京に行ってしまう。国男の「煩悶」の手紙とちょうど同じ明治30年の8月末、島崎藤村は第一詩集『若菜集』を世に出した。国男を初めとする文学青年仲間はこの詩集には大きな衝撃を受けた様子だ。国男はその後30年も経た大正15年に及んで、この『若菜集』について、次にように書いている(「重い足踏みの音」『文章往来』)。

一年そこその東北学院の生活が、あのたくさんの美しい詩篇、日本にも　時代にも、ぴったりと当てはまったような海の歌星の歌の数々を産した時には、啼かぬ雲雀が空の雲雀に感謝するような心持が、青年仲間の全部を浸していた。

藤村を「空の雲雀」、自分達凡才を「啼かぬ雲雀」と、才能の違いをはっきり自覚して書いていることに注目したい。30年後にこう書いているほどなのだから、『若菜集』を始めて読んだときの国男の衝撃を想像してほしい。いい気になって詠んでいた自分の新体詩が恥ずかしくなったのに違いない。もともと詩人として生きたいと思っていた様子はないものの、まだ青さの抜けない若い時代だ、かなりいいつもりでいたのだろう。だが、そこが国男の国男らしいところなのだろう。藤村級の詩人でない自分を思い知って、自分もこうしてはいられない、真面目になって自分らしい何者かにならなくてはと、焦るような気持になったのだろう。『故郷七十年』には、国男が自ら自分の競争意識の強いことを書いている箇所がある。

「遊歴児童のこと」

森鷗外さんや、家兄井上通泰の「めざまし草」に、たしか私の二十一、二歳の時と思ふが、佐々木信綱君の歌を批評して、喧嘩になつたことがあつた。
佐々木君といふ人は、早くから世に知られた人で、父君弘綱さんが、明治十三年「明治開化和歌集」といふのを出したが、これによると六歳か七歳の時に信綱といふ名で歌をだいぶ出してをられる。この「明治開化和歌集」をどういふわけか兄通泰がもつていたので、私は早くから讀み、非常な競争意識を起させられる動機になつてしまつた。

たいした競争意識ではないか。『若菜集』に載せられた詩は、三歳しか年上でない島崎藤村が、明治29年の秋から一年間、仙台で東北学院の教師をしている間に詠んだ詩のみで成った処女詩集だった〔合本第十六版の自序、1912（大正元）年〕。国男の驚愕はいかばかりだったかと思う。

過去に国男の新体詩離れと藤村を結びつけて書いている研究者に岩本由輝氏がある。1984年11月の『信濃教育』1176号に「島崎藤村を通じてみた柳田國男」に、柳田らの作品集前掲『抒情詩』刊行の四ヶ月後に藤村が第一詩集『若菜集』をもって登場したとき、柳田はみずからの詩才に見切りをつけることになる。

と書いている。競争意識とは書かないが、藤村の詩才を見て、自分の才能に見切りをつけたという解釈である。

もともと国男は文学を志していたのではなかった。偉くなって、それまで人生いろいろうまく行かないこともあって恵まれない境遇にいた両親を馬車に載せてあげたいと思っていたそうだ。官吏になることを考えていたのかもしれない。それが明治29年に相次いで両親とも亡くなってしまい、何をしていいか分からなくなっていたと書いている（「両親の急逝」『故郷七十年』）。その翌年の夏が、件の「煩悶」の手紙である。田山花袋の国男を主人公にした小説によると、どうも千葉の布佐で見知っていた女の子二人（一人は新体詩に詠んだいね子、もう一人は田山の小説に出てくる、国男の長兄鼎の家の隣に住む幼馴染）のどちらが本命かも思い定まらないままふらふらしていたようだ（詳細は小論二を参照のこと）。その夏の直後、国男は帝大生になり、法学部に入りながらも農政学を専攻している。

ちょうど時を同じくして、『文學界』は出版元の中川恭次郎の結婚と住まいの移転も重なったか、休刊される月（8月、11月、12月号）もあり、そして年が変わった明治31年1月、『文學界』は終刊された。藤村は終刊号に、自分たちの文学は「アマチュア」の文学だったと、告別の辞を述べている。

読者よ、この五とせの間われらが成せしところの言ふに足るなきをもて、われらを酷責したまふなかれ。われらは英語の所謂「アマアチュア」に過ぎ座ればなり。「アマアチュア」は終生の初歩なり、無限の入門なり。かのまことの騒音客が醇酔なる趣味を抱いて文藝の国に遊ぶや、洋々として魚の水にあるがごとし、到るところとして自在ならざるはなく、行くところとして通ぜざるはなし。憐れむべきかな不幸なる「アマアチュア」。然れどもこの不幸なる『アマアチュア』を捨てずして、草紙をして今日あるにいたらしめしは、實に讀者の厚誼を荷ふことの多かりしに據る。

国男の古くからの親友田山花袋は明治42年発表の小説『妻』の中で、国男をモデルにした登場人物に、「僕はもう詩などに満足しては居られない。これから實社會に入るんだ。」「僕の詩はディレッタンチズムだった。もう僕は覚めた。戀歌を作つたッて何になる！」等々と言わせている。

田山の『妻』の出た前の年の明治41年、島崎藤村の『春』が東京朝日新聞に連載された。これは藤村の『文學界』の同人仲間の北村透谷、平田禿木、戸川秋骨、星野天知・夕影、馬場孤蝶等との交友を、自分の家族、恋人との関係と合わせて描いた自伝的小説である。まさに『文學界』、「新体詩」の時代の文学青年たちのおかれた状況と、そこに生きる彼らの心情を描いた小説である。関連の言及を拾うと、左記のようである。

「ますます岸本(藤村自身)は無口な人に成るばかりで有つた。口で言へないことは、せめて文章に表白さうとした。彼は種々な文體を試みた。小説、戯曲、論文、それから新體詩までも試みた。一つとして自由に表白せるものは無かつた。」

「めざとい市川(平田禿木)に言はせると、今は奈何いふ時世であるかを考へねばならぬ。十年二十年の後に成つても、見られるか奈何か解らないやうな青年の夢を、今が今みようとしたところで、左様は世間が許さない。それよりは静かに學問でもして、傍ら藝術を樂まうではないか。それが遥かに高尚な生涯ではないか。斯う岸本(島崎)に説き聞かせた。」

「それでも彼は以前と同じやうな心地に帰りたいと思つて、話頭を戀愛の問題へ向けて見る。菅(戸川秋骨)は最早其様な話に飽き〳〵したといふ風であつた。『未だラブの話か。』と彼は面を顰めた。『ラブなんてものは、其様に大騒ぎする程のものぢやないんだネ―畢竟、飯を食ふやうなものサ』」

「青木（北村透谷）は死ぬ、岡見（星野）は隠れる、足立は任地を指して出掛けて了ふ、市川（平田）、菅（戸川）、福富（馬場孤蝶）は相継いで學門とか藝術の鑑賞とかいふ方へ向いた。連中は共同の事業に疲れて來た。」

「讀み了つて、岸本は笑はずには居られなかつた。雑誌も此頃では悪くなつて、連中は皆な御義理で書いて居るが、旅で見ればそれも可懐しかつた。」

要するに、新体詩を詠む傾向も、それから離れる傾向も、恋愛を話題にすることも、そういう青春を卒業していくことも、仲間全員のことであり、国男一人のことでなかったのである。

『文學界』終刊の直後の4月、国男が招いたのだろう、藤村は千葉の布佐に国男を訪ね、国男の長兄鼎の家に四日間滞在している。（藤村「利根川だより」『帝國文學』明治31年6月）。四日も寝起きを共にしたのだから、『文學界』や新体詩についても話が及んだにちがいないが、そのことは藤村は何も書いていない（関係個所を抜粋して末尾に掲載する。国男の新体詩が2篇全節、間に挿入されている）。国男はこの時のことは何も書き残していないようだ。

田山花袋は『近代の小説』（近代文明社、1923年、『定本花袋全集』第27巻）に国男から伝えられたこのときあった興味深いエピソードを記している。国男が藤村に「君は女を知らないんですか?」と聞かれて非常に困つたと親友である花袋に話したといふのである。

花袋はこの著作で、作家の性欲のあり方が作品にどう表れているかについて考証している。自分はかつては「恋は真面目でなければならないといふことを高調した」、「不謹慎に女のことを話すものに唾をかけてやりたく思つたこと」もあったと述懐し、そのために「硯友社の人達に笑はれ通しに笑はれて来た」と書く。しかし内心では自分も「いつか一度はさういふ題材を縦横に取扱つて見る時代がやつてくるぞ!」と思っていたと書く。「この性欲問題は、世間が何う変らうと、思潮が何う変化して行かうと、また年月がいかに経たうと、決して変らないものであつた」と書く。そして「独歩の中には、暗い性欲―それだけが暗いといふやうな性欲を私は見出すことが出来た」と言い、「島崎君の作は、どれを繙いて見ても、性欲の匂ひが盛にしてゐるぢやないか。現代の作家の誰よりも性欲的ぢやないか。(中略)一番初めの『若菜集』だつてさうだ」と話し相手のKに語っている。この続きで先にあげたエピソードが記されている。

「(前略)それはY君から聞いた話だがね、島崎君がY君の故郷の下総の布佐に行ったとき、つまり全集の一巻の中の『利根川たより』のあの時だね。その時Y君は島崎君から、君は女をしらないんですか?とか何とか言はれて、非常に困つたことがあつたつて言ふ話だつたよ。それから押して、『野辺のゆきゝ』と『若菜集』とを比べて見ると、その違ひがよくわかるやうな気がしたよ。そのことがあとで『春』の中に書いてあるぢやないか」

花袋が当時文学と性欲の関係について国男とどこまで討論したか分からないが、国男は文学を志す友人たちと自分の性に対する心情の違いに、藤村の訪問の際に、初めてはっきり気づかされて困惑したのではないだろうか。それがせっかく藤村が国男の布佐の家に四日も泊まって行ったというのに、何も書き残していない理由だったかもしれない。前年の『抒情詩』の詩壇での評価も高くなかったし、『文學界』は終刊になるし、清らかな恋は破綻するし、大学に入学して農政学の勉強を始めて、まだ一年足らずのこの時、これからの人生をどう生きるか、自分なりの生き方を考えなくてはならないと強く意識したことだろう。

明治33年7月、国男は法科で農政学を修めて大学を卒業し、農商務省に入り（二年後には法制局に移動する）、同時に柳田家に養子に入ることを決める。翌年には、養子縁組の披露も開かれ、加賀町の柳田家に暮らすようになった。この縁組は、国男の歌の師松浦萩坪の師である松波資之の門人だった、後に国男の妻になる孝《こう》の父方の祖母と、孝の姉等が申し入れてきたものだった。早くから顔見しりの仲だった。

国男の柳田家の三女孝《こう》との結婚は、10歳年下の孝の女高師卒業を待ち、明治37年だった。

藤村との交友については、国男は「重い足踏みの音」（『文章世界』大正15年）にかなり細かくその人物について書いている。田山花袋が『東京の三十年』に、田山自身は藤村より国木田の方とより親しく付き合ったが、国男は藤村とよく行き来していたと書いている。「重い足踏みの音」によると、藤村の家にも文学関係の仲間がよく集まったようだ。「文學界の仲間や蒲原、田山などの諸君の他に」、齋藤緑雨（正直正太夫）、隣りに住んでいた宮川春汀などの名前が見える。

島崎藤村の年譜によると、明治32年、藤村は木村熊二に招かれて、小諸義塾の教師として赴任するが、明治34年11月に国男が役所の出張の途次訪ねている。立ち寄りながらも気ぜわしげな国男の様子を藤村はすぐ田山に書き送っている。

明治37年1月5日、田山花袋が小諸の藤村を訪問し、夜遅くまでこれからの文学を語り合っている。

明治34年に加賀町の柳田家に暮らすようになった国男は、すぐに田山等の友達を家に招いて、丸善から取り寄せた洋書の紹介や、法制局に勤めるようになって見聞きするようになった変わった犯罪の話等を上手に語って聞かせ、小説の種として提供するようなこともして、評判を呼ぶようになった。そこには家も近かった川上眉山、小栗風葉、国木田独歩と島崎藤村もときどき来た。蒲原有明は後から加わり常連になった。（『東京の三十年』「さゝやかな昔」所収、『定本柳田國男集』第二十三巻）

正宗白鳥も田山に誘われて柳田の家での集まりにも行ったと書いている（『現代日本文学全集・柳田国男集』月報28、昭和30年1月、筑摩書房）。

この集まりは一年足らずで、外で集まるようになる。英国大使館近くの「快楽亭」という西洋料理屋を武林無想庵が見つけてきたという。或いは家が近くだったという蒲原の紹介だったのかもしれない。蒲原によると明治35年1月中旬のことだったという。そこには生田葵山、柳川春葉、小山内薫、岩野泡鳴、徳田秋聲、国木田独歩の名が挙げられている。この集まりはしばらくは風骨会という名で呼ばれたというが、明治38年の新春には龍土会という名になったようだ。快楽亭が麻布新龍土町に場所を移し店名も龍土軒にしたからだ。国木田の画報社から小杉未醒、満谷国四朗、窪田空穂、吉江喬松も参加した。顔を見せた人として、また戸川秋骨、正宗白鳥、水野葉舟、生田葵山、薄田泣菫等々の名が挙げられている。

明治38年は藤村が足駈七年をかけた『破壊』をもって信州から上京し、西大久保の家に落ち着いたときに当たると蒲原は書いている。

藤村は明治41年には前述の『春』を出している。その後藤村は、明治41年、42年の間に『文章世界』、『帝國文學』、『早稲田文學』、『讀売新聞』等に短編小説を載せているが、明治42年12月、これら17篇をまとめて『藤村集』（博文館）として出している。この『藤村集』の初めに藤村は献辞を書いて、田山花袋と柳田国男に記念として贈っている。

田山花袋と柳田國男の二君へ。
四十年より四十二年にかけて、多くは成りし順序に随いひ、その折々のものがたりをあつめしものは、この集なり。さゝげて記念とす。

国木田独歩が明治42年に亡くなったこともあり、花袋と国男に献辞を贈って、『文學界』時代からの十数年の付き合いの記念とすることを思いついたのだろうか。
龍土会も龍土軒に入りきれないほど参加者が増え、集まりを外に持ち出して、まとまりを欠いてきていたころ、長谷川天渓が英国に旅たち、藤村も大正2年4月にフランスに行くことになった。その送別会が最後くらいだったと蒲原有明は『飛雲抄』の中の「龍土會の記」に書いている。

大正6年、思いがけないことで国男は藤村と絶交している。「故郷七十年拾遺」所収「藤村との疎隔」に国男自身が詳しく書いている。

藤村が三年滞在したパリから帰国して半年、国男が貴族院書記官長の時だった。国男が台湾方面に旅行に出ることを知った藤村から、台湾にいる藤村のお兄さんに会ってほしいと頼まれて会ったところ、当時台湾総督だった国男の叔父さん（国男の舅の実弟、安東貞美）に、山の下げ渡しが受けられるように口添えを頼んでほしいという依頼だった。国男は、役人はそんな「不正」をするものだと思ってかかった藤村が許せないということで、疎遠になってしまい、その後もうまく関係を修復できなかった。藤村が作家として後世に残るレベルの作品を次々と発表しているのに、自分は未だに本当にしたいことが見つからず、役人としても一つ本気になれないでいたことが情けなく思えて、その分苛立ちも大きかったのではないだろうか。柳田国男が貴族院書記官長を辞任し、民俗学者として独自の道を歩むことにしたのは、大正8年末のことだった。

「空の雲雀、啼かぬ雲雀」という文章は、大正15年に書かれているということは、絶交しながらも、三十年前に藤村の『若菜集』に受けた驚きにあらためて言及しているということであり、自分がいい気分になって恋の歌など詠んでいたことに対する、自省の念を引きずっていたということでもあるのだろう。

『故郷七十年』の中で国男が繰り返し、自分の新体詩は作りものだと言っているのは、何かを隠そうとしているのではなく、自分が若気の至りで気軽に楽しく作っていた新体詩は、後世の人が和歌の題詠の影響のことや、ラヴを詠む抒情詩は当時の流行だったことを知らずに読むと、誤解に繋がることに気がついて、どうしても分かってほしい思いだったのだと、素直に受け止めるのが正しい受け止め方だと思う。民俗学者としての名を残して死んで行く自分を思うときに、わざわざ自分の仕事の集大成としての『定本柳田國男集』に、その程度の新体詩を入れたくない思いが強かったのだろう。

筆者はおしゃべりな一介の専業主婦として生きた身だが、結婚前の自分の恋の話など、別に何の隠し事もあるわけではないが、夫や子供に聞かせようと思ったことはない。若い時に恋をしない人はいない。一方、後の人生が「余生」のようになるほどの失恋をした人にも、平凡な環境に暮らした身には、会ったことがない。特に詩人になるべき人なら、失恋など、人生の苦しい経験を味わえばこそ、なおさらいい詩も書けそうなもので、そのために詩人である自分を殺さなくてはならないという話になるはずもない。

「空飛ぶ雲雀」の藤村さえ詩作を続けなかったのに、「鳴かぬ雲雀」が詠んだ詩を、わざわざ『定本』に入れて後世に残すことをしたくなかった思いは、余計なことを詮索しなくても、筆者にはよく分かるような気がする。

人が憶測だけで根拠のないことを書いたことを批判する本を書いている筆者までが、想像だけでものを言うのは避けたほうがいいかもしれないが、もしあえて詮索するとなら――、島崎藤村も、国木田独歩も、田山花袋も、その恋はただ恋を夢見て歌に詠むというような単純なものでなく、当たり前の波乱のない結婚生活に結びつかず、婚外の女性関係が生じ、しかもそれを自然主義小説に赤裸々に描くことをしている。国男は、自分の新体詩に詠んだ、恋の歌に描かれた恋がその種のものだと誤解されるのがいやだったのだろうと思う。田山の『蒲団』について、国男は、『あんな不愉快な汚ならしいもの』といつて、あの時から田山君にけちをつけ出した」と自ら書いている（「田山君の功罪」『故郷七十年』）。国男はそういう話が格別嫌いだったのではないだろうか。

中村光夫が『定本柳田國男集』の月報1（1962年1月）に、「歌はぬ詩人」という一文を寄せて、1946年に国男を成城の家に訪ねたときのことを書いている中に、この種の別のエピソードが見られる。中村は、国男が龍土会時代の話をするのを聞いて、田山花袋に対して特別の友情を持っている印象を受けたというが、

「一番印象に残つたのは、氏が花袋の『百夜』をきつぱり否定されたことで、その理由は氏があの小説のモデルになつた女性を知つてゐるからといふことでした」

と書いている。

『百夜』に書かれている女性は、田山が家まで持たせた長い付き合いのあった婚外の女性だった。国男は若いときから田山とは親友関係にあって、田山が紅葉会や『抒情詩』の共通の仲間である太田玉茗の妹に熱烈な恋をして結婚した際、彼女の嫁入りの日に国男は仲人として「羽織、袴、中折帽子姿」で人力車に乗って、リヤカー三台の後ろに従ってゆき（田山瑞穂「父母のこと」『明治文学全集』月報36）、その子供ができた時には国男が名づけ親にもなっているというのだから、『蒲団』に書いた文学志望の女弟子との関係だけでも不愉快で汚ならしいと思ったのに、今度のは長く続いた別宅まで持たせた妾なのだ。こういうことに潔癖な（と、筆者が推測するだけだが）国男はさぞがっかりさせられたにちがいない。

大正6年の藤村との絶交も、藤村がフランスからの帰国直後だったことを思うと、やはりフランス行きの理由になった藤村の姪との関係のことも気持ちの中で尾を引いていたということもあったかもしれない。国木田独歩も38歳で亡くなるとき（明治42年）には、二度目の妻と一緒に愛人が看病に当たっていた様子が田山の『東京の三十年』に書かれている。

国男は幼少の頃より、兵庫県辻川の小さい家に両親と兄弟六人（当時）と長兄の嫁と一緒に暮らすという無理な環境の中で、兄嫁が姑との折り合いの悪さに次々と二人も去ったという経験をしている。二人目の嫁は実家に帰ったものの、再び婚家先に追い返されて、途中で入水自殺したという痛ましさであった。この二人目の兄嫁の話は、「故郷七十年」の収録の際には、話はしているのに、国男は『故郷七十年』には入れなかった。収録にたずさわった神戸新聞の出版部長の宮崎修二朗氏が記録したノートから、この話を書いている（『柳田國男　その原郷』朝日選書、1978年）。

国男の最愛の母と嫁の痛ましい関係はそれだけではない。

後に、国男兄弟の両親は播州の地を離れ、国男の次兄通泰と新婚の嫁の東京の家に住んだことがあった。嫁は初産を播州の実家に帰ってすることにしたところが、運悪く先方で赤痢にかかって亡くなってしまった（「兄嫁の急逝」『故郷七十年』）。子供のうちから井上家に養子に行った次兄の幼い許嫁とは、国男もずっと親しい幼馴染だったので、衝撃も大きかったようだ。

特に自分の最愛の母親が嫁たちの姑として、兄たちの不幸の原因になったことで、どんなに心に深く苦しく感じた経験だったことかと思う。自分こそは結婚したら妻と穏やかな家庭を持って、それを全うしたいものだと、早くから思い描いていたのではなかっただろうか。妻が実母と暮らせるなら、自分が婿養子になるのも悪くないとさえひそかに思っていたかもしれない。

国男の母親は、国男が実際に結婚を決めるときにはもう亡くなっていたということはあるが。

田山の『妻』にも、国男がモデルの西について、田山自身である勤に言わせている。

「西君は平生家庭に非常に重きを置く人だが、その時もね、僕はもうラブなどはお終だ。好い家庭の快樂さへあればそれで満足だと謂ってね。

『やさしい束縛』といふやうな處が欲しいんだと僕(勤＝田山)は思ふね。」「自分でもいつかもさう言つて居た、君などは束縛を非常に嫌つて何んでも自由でなければならないやうに言ふけれど『やさしい束縛』なら僕(西＝国男)は喜んで受ける。さうした束縛が無くつては僕は淋しくッてたまらんと言つて居たよ。」

穏やかな結婚生活を望んでいたと思われる国男だが、生前恐れていた通り、国男が新体詩に詠んだ恋は、要らない憶測を呼び、没後50年には、ついにはその「恋人」との間に「隠し子」がいたと、憶測もここに極まれりという、とんでもないことを書いた本を出版されてしまった。

民俗学者柳田国男にとっては、若い夫婦の幸せな結婚生活は、日本の社会のために追求すべき大きな課題だったのだ。国男は、小さい家に大家族で暮らした悲劇が、後の民俗学への志向に結び付いたことを、自ら繰り返し述べている。（例えば、「昌文小學校のことなど」『故郷七十年』）

私は、かうした兄の悲劇を思ふとき「私の家は日本一小さな家だ」といふことをしばく人に説いてみようとするが、じつは、この家の小ささ、といふ運命から私の民俗學への志も源を發したといつてもよいのである。

それを岡谷公二氏は、国男は恋の挫折の罪責感で詩人として生きるはずの自分を殺して、民俗学は余生だったと論じるのであるから、国男の思いを完全に踏みにじることになってしまった。念のために繰り返すが、「歌のわかれ」と名付けられた国男の新体詩ばなれと、この問題とは別のことである。新体詩ばなれはあくまでも仲間と同じ、若い文学青年の熱がさめて、それぞれの人生に新たな船出をして行ったということにつきると思う。一時の流行が終わったということだ。

国男の真面目さについては、長男の為正（筆者の父）が書いている。

父は品行方正というか、挙措端正というか、まず秀才、君子型の方で、従ってあまり奇抜な逸話の類は残さなかったように思う。といって世にいる謹厳居士という感じからはほど遠く、もともと蒲柳の体質ながら終生心身颯爽、意気軒昂のおもむきがあった。（東京新聞、1968年6月5日）

為正の姉千枝子も結婚して赤星姓になっていた28歳のときに、柳井統子というペンネームで書いた小説「父」に次のように書いている。これは『早稲田文学』1940年12月号に掲載されているが、芥川賞の候補になったという。

母は、家付きの娘ゆゑに夫を敷いてゐると言はれまいとその証拠を立すぎて、益々無気力に自我を失つてしまつた。祖父母と父との間に挟まつて、母の行ひの目標は、ただ双方に逆らはないといふ点のみになつて行つた。父に逆へば父の眼が祖父母を撃肘するし、祖父母に逆へば祖父母の眼が父を疑ふであらう。母はその新妻時代いづれも母を愛してゐる祖父母と父との間で、両方の愛を毀さないために、只管双方への無抵抗主義をとることにした。母には、普通の嫁のやうに舅と姑とを相手に廻して敢然と自己を衛る必要がまるで無かつた。したがつて、智慧を鋭ぎ澄まし、邪気を廻して他を疑ふ機會に一切めぐり會はなかつた。いつも、自分を愛してゐるもの、衛つてゐるものの掌の中でうつらうつらと抱かれて眠つてゐればそれでよかつた。その上、父は嫉妬で母を悩ますやうな何等の問題を起さず、その精力の全部を學問に打込んで精進してゐたので、母は父の気を引く為に自衛の苦心をする必要もなかつた。

田山花袋は1930年に亡くなった。藤村は1943年に亡くなった。花袋とは花袋の晩年交流を取り戻し、藤村とは交流の途絶えたままだった。花袋も藤村も、国男の友に対する心中の複雑な思いは分かっていたのではないだろうか。

小論一の主旨を二、〇〇〇字にまとめたものが、既に京都漱石の會会報『虞美人草』第15号（2015年4月）に掲載されている。

［関連資料］

①「藤村の詩『椰子の實』」（「故郷七十年拾遺」『定本柳田國男集』別巻三）

僕が二十一の頃だつたか、まだ親が生きてゐるうちぢやなかつたかと思ふ。少し身體を悪くして三河に行つて、渥美半島の突つ端の伊良湖崎に一ヶ月静養してゐたことがある。海岸を散歩すると、椰子の實が流れて來るのを見附けることがある。暴風のあつた翌朝など殊にそれが多い。椰子の實と、それから藻玉といつて、長さ一尺五寸もある大きな豆が一つの鞘に繋つて漂着して居る。シナ人がよく人間は指から老人になるものだといつて、指先きでいぢり廻して、老衰を防ぐ方法にするが、あれが藻玉の一つなわけだ。それが伊良湖岬へ、南の海の果てから流れて來る。殊に椰子の流れて來るのは實に嬉しかつた。一つは壊れて流れて來たが、一つの方はそのまま完全な姿で流れついて來た。

東京へ歸つてから、そのころ島崎藤村が近所に住んでたものだから、歸つて來るなり直ぐ私はその話をした。そしたら「君、その話を僕に呉れ給へよ、誰にも云はずに呉れ給へ」といふことになつた。明治二十八年か九年か、一寸はつきりしないが、まだ大學に居る頃だつた。するとそれが、非常に吟じ易い歌になつて、島崎君の新體詩といふと、必ずそれが人の口の端に上るやうなことになつてしまつた。

この間も若山牧水の一番好いお弟子の大悟法君といふのがやつて來て、「あんたが藤村に話してやつたつて本當ですか」と聞くものだから、初めてこの昔話を發表したわけであつた。

牧水も椰子の實の歌を二つ作つて居る。日向の都井岬といつて日向の一番南の突端の海岸で、牧水が椰子の歌を作つたことがあるから、その記念のために、碑を立てさせてくれといふことを、門人達が宮崎の近所の人たちに頼んださうである。ところがそこの新聞記者の中に反對する者があつて、「あんな所に椰子の實なんか流れて來やしませんよ、そんな歌の碑を立てたら却つて歌の價値が下がりますよ」といつたといふ。大悟法君が悔しがつて自分で都井岬へ行つて見たところ、何とそこの茶店に椰子の實がズーッと並んでゐたので、「こんなに流れつくのかい」と聞いたら、「ええ、いつでも」なんて云つたといふわけ。

それで大悟法君、宮崎の新聞記者に欺されたといつて悔やしがつて居た。藤村の傳記を見ても判るやうに、三河の伊良湖岬へ行つた氣遣ひはないのに、どうして彼は「そをとりて胸にあつれば」などといふ椰子の實の歌ができたかと、不思議に思ふ人も多からう。全くのフィクションによるもので、今だから云ふが眞相はこんな風なものだつた。もう島崎君も死んで何年にもなるから話しておいてもよからう。この間も發表して放送の席を賑はしたことである。何にしてもこれは古い話である。

② 島崎藤村「利根川だより」（『帝國文學』第4巻第6号、明治31年6月）より、松岡家訪問の箇所を抜粋する。

（前略）

四

布佐に着きたるは五時頃なりき。こゝには松岡子の家あり。兄なる人は醫を業とし、この近郷に聞えたる家柄なれば道行くものに問ふに、かの軒端に柳の見ゆるがそれなりといふ。先ちて都を出でし友も我を待ちしことゝて吾が故郷に歸りたらんがごとく思はれ、あつき親切のほどもうれしく、何の遠慮もなくうちくつろぎて家の人々に親しみぬ。かゝる静かなる家庭のうちにありて温きこと春の光の如き樂みをもてる友のうらやましさよ、ことに十三四とも覺しく目ざしのいと秀でたるがわがために茶運び來るも愛らし。行末はすぐれたるひとゝもなりたまふらむ。夕暮より裏のはなれに春雨の音をきゝて、さまぐ〵のことをかたる。友の弟なるひとは繪畫を好みて、年いまだ若けれども丹青の道に望みをかけたり。こゝに來りて美術の上のことなどおもしろく物語り、模写したる粉本を出してわれに示しぬ。夢見るとも言はまほしき友の眼はともしびの光にかゞやくと覺えしに、言葉をあらためて、もと友の家は利根川のかの岸にありしこと、亡き母の性質快活にして怠りなかりしこと、家には一方ならぬ歴史のありしことなどを語り出でらる。品高く姿稀なる處女すらもかゝる優に美しき感情は持てりとも覺えず。「抒情詩」にかず〳〵のよき歌を出せるこの友が燃え易く觸れ易き天才の花おのづと談笑の間にあらはれて、すぐれたる西の國の詩人がうら若きころのことも思ひ合されたり。この夜は三人して枕を並べ、われは二人の間にはさまりて、川といふ字になりて眠につきぬ。四月五日。

五

空猶晴れず。友の兄なる人は花をこのみて、ことしは都より草花の種のさま〴〵をとりよせ、庭に蒔きたるが、早や芽出したるものあれば、われにも來りて見よといふ。傘さして庭の花園をめぐり、春草の萌え出でたるさまを眺めぬ。この日は例のはなれにありて、雨のさびしければ友の書架よりバアンスの歌などさぐりだして讀む。四月六日

六

ことしの春は雨多く、兎もすれば空曇りて快晴といふべき日和は少なかりしを、めづらしくもけふは雲をさまりて空の色眼にこゝちよし。かくては興も湧き上り、足も浮き立ち、友にいざなはれて利根川のほとりに遊ぶ。

見るたびごとに新しきは朽ちず盡きざる自然のさまなりけり。ことに雨をさまりての後なれば、樹といふ樹、草といふ草、げにいづれも皆な緑うるはしき若葉をのべて、活きて自然の太気を呼吸するかとうたがはる。花やかにさしてらす日の光のうるはしさよ。やはらかに吹きわたる春の風のこゝちよさよ。われは美酒をすごしたるがごとくに酔ひくだけ、心は蹣跚としてこの景色のうちを行くに、松生ひ茂れる小高き岡あり。友はここに遊ぶことを好みて、常に來りて幽懐を遣るとかや、右左に眺め入るうち、松が根にさき出でたる一もとの蘭の花あり。こは蘭にあらず、蕙の花なり、さるにてもその花の形の畫きたらんがごとく塵もはづかしき風情のめづらしさよとて、友は花をこのむの情に堪へずや、摘みとりて黒き帽子にはさみぬ。白皙の美男が蘭の花をかざして、微笑みて松かげに立てるすがたは物語を見るこゝちもせられて、相伴ひてこの岡を下りぬ。

あしびきの山のあらゝぎ
たゞ一もと摘みてもて來て

我妹子がたもとに入れし
足引きのやまのあらゝぎ
いまもなほさやかに匂ふ、
あなうれしいまだ我をば
　　忘れたまはじ
　　（野邊のゆきゝ）

利根川のほとりに出づれば楊柳の花さき満ちたり。高き岸にのぼりて眺むるに、遠き山々、近き村々、いづれも一眸のうちにをさまりて、携へ來りし雙眼鏡に入る桃の花のけしき得も言はれず。蠶飼川は小貝川とも書けり。流れて利根に入るほとりは左に戸田井の柳もえ出でたるを見渡し、右に羽村の漁家を眺め、菜の花水に映りて物洗ふ女のさまも風情を添へたり。かの舟を水に浮べて「はやか」釣らんと糸を垂れたるさま、籠を脊負ひ襷の目だちたるをかけたるが椿の花のかげをうたひ行くさま、煙草のみたる農夫の心安きさま、柳に繋がれたる馬のいさましく嘶くさまなど、げに車東西にはせまどひ石炭の煙空を覆へる都の空とはことかはり、かゝる田舎ならでは見られまじき景なり。われは友と共にこなたの岸をゆき、かなたの岸をつたひて、日一日河のほとりに眺め暮しぬ。馬を引き鋤を肩にして行く農夫のあとにつきそひ、ながめあかぬ川のほとりに添ふて歸るに、にはかに鳴き出したる蛙の聲にさそはれて、友の指ざすかたを眺むればかなたに立てる野の家あり。藁ぶきの屋根春の星を帯びて、さびしきうちにも深きおもむきをそなへたるはいかなる人の住めるにかあらむ。

袖子が家のやねの草、
そで子がやねの草の露
ゆふべは宿る星ひとつ
あはれその星なつかしや

空のゆふべになる毎に
きよき姿を思ひかね
うれしき星をまた見むと
野みちを來れば野の末に、

うき世のわざぞすべもなき
さしも戀しき野の家を

雲のあなたに別れきて
みやこの市を我が行けば

漲るちりのひまとめて
むかしの星ぞ見ゆるなる、
星よみやこは樂しきか
ゆふぐれきよきかの人も
見えぬ都はたのしきか、

（野の家）
四月七日

③『抒情詩』の「野邊のゆきき」に寄せた国男の序文

このたび、我が紅葉会の諸兄、民友社と謀りて、長歌の巻世に公にし給はんとするに催されて、己も亦年頃折にふれてはよみ出でたりしをば、一つに集めて見むとす、はかなきすさびの余にはあれども、名好むわざとや人は見そなはむかし。
先つ年、某の博士が新躰詩の名を称へそめて、あやしまれ罵られたまひしより此かた、いまだ日数をも重ねぬ程に、各特長を備へたまへる君たち、次々に世に出でたまひしかば、忽にして此歌、大方にもてさわがれて、今はこの事語らぬは、みや人さびする人の恥とさへなりにたる、大凡世の中の物の生立に、かばかりすくよかなるはあらんや、遇世のよかりしは、啻に此新躰の詩のみにはあらざりき、おのれも亦、早くより身の程うかりしままに、独都の外にさまよひ出でゝ、或は磯の波を踏み、或は山の木の根を攀づるとて、心地のあやしくなりし折々は、我とはなしにうめき出でたりし声ども、今もおぼえゐたるがありて、帰りて友なる人に語りしに、こはかの新躰詩といふものなりとのたまふ、さてはおのづからさる時めくものに似通ひけんか、うれしくもまだ我世はありて、頼もしくぞおぼえし、唯彼方のは生し立てたる籠飼の鶯の清き音と、これは又樹蔭の蝉の、なかではあられざりし身の程と、比べ苦しさの一方ならぬをわびつるのみ、
実をいはゞ、我はまだ此類の歌につきて、人々ののたまひしことを、多くは聞きし事あらず、その詩の形につきての説、其言葉の用ゐかたにつきての論なども、すべてがまだ我がしらぬところ也、たとへば、おのれが如く、年頃三十一文字の巻々をのみ見わたしつゝ、この美しき躰にならひて、我も亦思ふ事を、とおもへども、元より煩はしき今の世ぶりの

心ばせなれば、姿安らかなるいにしへ振にはいひ尽しかぬるもの多きに、漸にして思ひ出でたるこの七五の調を、うれしきものにならひとりて、我物顔にふるまひたりし、此集などの上にも、新躰の新の字、尊き詩の字をば、与へたまはむやいかに、これも亦己は知らず、罪得がましうはあれども、先一たびさる方の評をきゝ得て、我がまどふ心を定めばや。

思ふに、此新躰詩といふものゝ、行末さかえなむ為には、我を忘れて、言葉に、調に、さまざまと心を尽したまふ人も多きに、胆太くもかく思のまゝなる事を言ひ出でむは、殆許さるまじきわざなるべし、されどいかにせん、此は我が歌なり、よし此姿此言葉づかひ、世のさだめに違ふこと多くとも、猶これはわが思を舒べたる、我が歌なるをや、

我が歌を聴きたまはゞ、よしとのたまはむ人、我は先三人を知る、我がなつかしさに勝へぬ母の君と、常に我を憫みたまひし姉上と、我が思ひ出る日多き昔の友と、共に皆苔の下に逝きて、とこしへに帰り来まさず、あたりの事のすべてかくはかなきと、我身の病多きとは、終に此集の世に出づる事を急がしめき、

明治三十年二月　　松岡國男

〈小論二〉

柳田国男に隠し子なんていなかった

岡谷公二著『柳田國男の恋』で歪められた柳田国男像

はじめに

こういう本は、柳田国男の遺族でない、本当の柳田国男の研究者、或は民俗学者が書いてくだされば、どんなにいいかと思うのだが、柳田国男に隠し子がいたなんて、研究者なら誰が読んでも、薄弱すぎる根拠とも言えない根拠を持ち出して書いていておかしいと思うはずのものだが、誰も気にならないようで、疑問を呈した書評さえも書かれていない。遺族が書くと、感情的になってとか、どうでもいいことにこだわってとか言われそうで、書くのも不本意、書かないでいると、国男の人格を貶めるような間違った嫌疑が本当の事として独り歩きを続けることになりそうでほってもおけない。迷っているうちに、間違ったことが書かれた本が出版されてから、もう丸四年が経とうとしている。

柳田国男に隠し子がいてはいけないと言おうとしているのではない。本当のことなら、誰にでもそういうことは起こらないでもないこととも言えるので、かまわないと思うが、問題なのは、国男が昭和37年に87歳で亡くなる少し前に刊行の決まった『定本柳田國男集』に、若い頃一時期詠んでいた新体詩を入れたくない理由を繰り返しいろいろ言っているのを、「隠し子」という隠し事を隠し通すための言い訳や嘘だったということにされては、国男の人間性を救いようもなく貶めることになるので、放っておけないということだ。そんな話を平凡社のような世間から信頼されている大手の出版者から出されては（どこの出版社からでも同じだが）、直系の孫であり、大学、大学院で民俗学を専攻した筆者としては、反証を本にして残さないわけにもいかないと、漸く心を決めた。

岡谷公二氏は、2012年6月に平凡社から『柳田國男の恋』を出して、国男が新体詩に詠んだ恋人に子供を産ませ、その子を親戚でもあり、『文學界』の仲間でもあった中川恭次郎に「隠し子」として育てさせた「罪責感」から、新体詩を詠むことをやめ、本質的に詩人である自分を殺して民俗学者になった、その後の人生は国男にとっては「余生」のようなものだったという主旨の柳田国男論を書いた。

岡谷氏によると、国男は詩人の己を「『扼殺』し切っていなかった」ので、最晩年に書いた『海上の道』では、苦手な科学にはこだわらず、詩人として自由な発想で、南の島から稲を携え北上した日本人の祖先のことを書いて名著をものしたというのである。

国男が晩年まで詩心を保ち、夢のある作品を書いたことは誰しも認めるところではあろうが、この小論二で明らかにするが、もともと「隠し子」はいなかったし、国男は詩人として生きたいと考えていた様子も見えない。小論一に示したように、当時新体詩を詠んでいた文学青年仲間は、その後誰も詩作を続けていないのである。一人国男のみのことではない。筆者は、小論一で、国男が自分の詠んだ新体詩を評価しない理由を、島崎藤村の『若菜集』を見てその力の差を思い知ったことが大きく影響しただろうと論じた。

国男が最晩年、まだ生存中に出版の始められた『定本柳田國男集』に、自分の若いうちに詠んだ新体詩を入れることを「峻拒」したということから、評判の恋多き青年時代を過ごしながら（これも、新体詩に恋を詠んだ詩の多いことと、田山花袋の小説のモデルとして登場する恋する登場人物のイメージによるのだが）、本人がその話に一切触れようとしないのが何か怪しい、恋について何か隠し事があるのではないかと疑う人が少なからずあったようだ。或いは今でもあるのが実情かもしれない。

岡谷氏があまりにはっきり、とんでもない憶測を事実かのように書いて発表したのを知ったときは驚いた。

筆者は国男の長男為正の長女なので、１９４４年４月に生まれたときから中学に入るときまでは国男と同じ家に、そして１９５６年１月に国男夫婦が庭に隠居所を建てて移り住んでからは、高校三年の夏に国男が87歳で亡くなるまで、同じ庭の中に暮らした。１９４７年から

1957年に閉鎖になるまでは、家の中に「民俗学研究所」があり、私はそこを遊び場として育ったと言っても過言でない。そういう筆者が岡谷氏の「隠し子」説を読んで、そんなわけがあるはずないという直観から、事の真偽を検証することを始めた。

岡谷氏の名指しする中川恭次郎の次男が国男の新体詩に詠んだ恋人の「隠し子」でないことは、遺族を探し、その子の戸籍を調べさせていただいて、戸籍に記された生年から、すぐ間違いを証明することができた。また、関連資料を並べて検証しているうちに、恋多き国男ではあったようだが、本当に恋人として付き合った人がいた様子は見られないし、隠しだてしなくてはならない秘密も特になかったということを論証することもできた。

しかしながら、検証結果を発表する手立てが限られていて、世間に周知できないうちに、平凡社から出された岡谷公二氏の「隠し子」説が根本的なところで間違えていることを知らないまま、岡谷説に触発されて、柳田国男の恋や秘密をテーマに、登場人物に柳田国男、中川恭次郎、井上通泰、田山花袋、森鷗外等の実名を使って創作物を出す人も出てきてしまった。また、2014年10月29日放映のＮＨＫのテレビ番組「歴史秘話ヒストリア」でもあやうく秘話として再現ドラマにされかねないところだった。こちらは、岡谷氏に筆者から既に間違いの指摘がしてあったので、ディレクターと岡谷氏が相談して、恋人のいたことは取り上げていいだろうということになったとディレクター本人から聞いた。遠野物語と柳田国男を取り上げた後に、愛らしい幼い女の子がちらりと映り、文机の前に正座して恋文をしたためる国男が突如それをぐしゃぐしゃと破り、ギャーッと声を上げて泣き崩れる場面が再現ドラマにして挿入された。またインターネットには「柳田国男には隠し子があったそうだ」というような書き込みがされるようになった。

岡谷氏は1977年に既に「隠し子」疑惑を持ちながら、それを言わずに一連の柳田国男本の第一冊『柳田国男の青春』を発表して以来、国男の新体詩時代のみならず、柳田国男論の大家として認められるようになられていたようで、柳田国男を書いた本を開けば岡谷氏の担当して書いた解説が載っていたり、必ずのように岡谷氏の柳田論が引用されたりしているというような状況になっているのには、驚いた。結婚後長い間民俗学から離れていた筆者は全く知らずに過ごしてしまっていたが、恋の挫折から詩人であることをやめて、無理やり民俗学に向かったという岡谷氏の柳田国男論は、思いがけず、専門分野で正しいものとしてのお墨付きを得ていたかのようだ。

この小論二では、岡谷公二氏による、松岡国男が本質的に詩人である自分を「殺して」、経世済民の民俗学という実学に進んだのは、「隠し子」を作ることで終わった「恋の挫折の罪悪感」によってもたらされた「ほぼ180度の転換」であり、国男の後の人生は「余生」ともいうべきものだったという、その「恋の挫折」について細かく検証し、反証する。「隠し子」はいなかったし、そもそも恋の挫折によって詩人として生きることを断念したということもなかったし、民俗学は、「余生」のすさびでなく、国男がおのずと至った、人生を掛けて取り組んだ遣り甲斐のある学問だったにちがいないことを再確認したい。

隠し子ができるような関係はなかったとなると、プラトニックな失恋の痛みだけで、国男が詩人になることをやめたり、民俗学が余生となったりするという論は可能なものだろうか。35年間にわたる岡谷氏の柳田国男研究は、「恋の挫折の罪責感」で詩人になることをやめ、民俗学は本質に合わないのに余生として取り組んだという部分は間違いだということになるが、その他の部分は優れた研究と言えるのだろうか。その他の部分については本書は検証しない。論の大本が間違っている場合、その上に立ってなされた論の他の部分は優れているということが言えるものだろうか。

第一章　松岡国男の少年期・青年期
そして松岡姓から柳田姓へ

民俗学者として知られる柳田国男は、大学卒業後、柳田家に養子に入る前までは松岡姓だった。柳田国男になるのは明治34年。前年の明治33年7月、東京帝大法学部政治学科を農政学を修めて卒業し、農商務省に入省する。柳田家から養子にという話は既に明治32年にあったようだ。すぐに進んで受ける気持ちになったのではないだろうか。特に迷ったという話は聞かない。

次兄が12歳で井上家に養子に行っていて、恵まれた環境で大切にされているのを羨ましく思っていたと書いているし(「次兄井上家に入る」『故郷七十年』)、親は事情があって、故郷播州の土地さえ手放すほどの貧乏だった上に、まだ弟が2人いたことを考えれば、養子に行くことは常に想定内だったと思う。全く抵抗感はなかったのではないだろうか。家制度のあった時代は、家を存続させるために養子をとるのは一つも珍しいことではなかった。特に貧乏で子だくさんの家でなくとも、次男以下が養子に行くのは、一つも珍しいことでなかった。柳田家は当主も養子に入った人であり、大審院の裁判官という、堅実な、知的な仕事についている人だったから、国男の養子入り先として、違和感はなかったのではないだろうか。

国男は養子になって、市ヶ谷加賀町の柳田家に住むようになると、木挽町の役所に通勤するのに、まだ電車がないので、人力車を使って、「月給の半分は車代に、残る半分を小遣にというふ、思へば気楽な身分であった」と書いている(「就職」『故郷七十年』)。きちんと経済的なメリットも考えた決断だったと思う。本が買いたい、旅をしたい国男には、願ってもない縁組だったのではないだろうか。民俗学者柳田国男の誕生に結びつく大きな幸運だったと思う。先に行って結婚することになっていた柳田家の末娘だって、見目も性格も大きな文句のつけようのない申し分のない少女だった。岡谷説のように、恋の挫折による生き方の大きな転換のための選択と捉えるのは大間違いであろう。

松浦萩坪の歌の会で国男と数年顔を合わせていた、柳田家当主の実家の母で、将来の妻の父方のお祖母さんに当る飯田の安東菊子と、将来の妻の上の姉で矢田部良吉の妻になっていた順の二人が、国男に白羽の矢を当て、菊子が安藤家の長男を播州にまでやって、身元調査をさせたという。国男の長男為正が『柳田国男と飯田』(市立飯田図書館、1977年)に寄せた文に、左記のように書いている。


父が柳田にむこ入りするについては、当時東京在遊中の安東の曾祖母がとりもち人となったところからか、その長男たる飯田の大伯父安東欣一郎が身元調査役を買って出、はるばる父の出生地播州は辻川の里まで出向いたという。その帰還後の報告状こそまことに念の入ったもので、「盗癖、なし」のくだりまであったということが、のちのちまでわが家の一つ話となっていた。

岡谷氏が国男の「隠し子」を育てたとする中川恭次郎も松浦萩坪門下だった。これは中川の長女深雪が森銑三の助けを得て恭次郎の没後、恭次郎の歌を編んで作った『松花集』の増補復刻版『微風庵詠草』（1967年）に寄せた深雪の文に記されている。恭次郎が明治30〜32年頃に国男の「隠し子」を育てていたら、それはすぐに明るみに出て、縁組は成立しなかっただろう。数年にわたって本人を見ていて、詳しく調査もして、女性問題を起こしそうにない、真面目な男という太鼓判が押されたからこその縁談だったにちがいない。そして、その後も国男には、遺族が知るような浮いた話は一切ない。

小学校卒業後

さて、国男の経歴は順調に、一高、東京帝大、官吏というと、お決まりの秀才がたどるコースのイメージかもしれないが、明治26年に19歳で漸く一高（東京第一高等中学校）に入るまでの国男の経歴はかなり特殊である。明治18年、11歳のときに故郷播州の、その時暮らしていた母の実家のある北条町で高等小学校を卒業してから、明治20年13歳のときに、茨城県府川で医院を開いていた長兄鼎のもとにひきとられたものの、明治24年17歳で東京の開成中学校に編入するまで、国男は学校に行っていない。

高等小学校を卒業した後の一年間は、播州辻川の生家の近くの大庄屋三木家に預けられている。これも将来の民俗学者国男にとっては大いなる幸運だった。三木家には国男の竹馬の友拙二がいるが、お祖父さんが学問が好きだったということで、4万冊という大きな蔵書を収めた書庫があって、国男は自由に入って本を読むことを許されていたという。

一年間ほどそこで読書三昧の生活をした後、明治20年長兄鼎に引き取られた。次兄井上通泰は東京帝大医科大学に通って眼科医を目指していた。長兄は医院が忙しい、次兄は学生だということで、国男は体が弱いので、丈夫になるようにその辺を駆け回っていればいいということもあってか、ほっておかれていた。

ここでも国男に幸運が起きる。兄の借り受けた家の持ち主小川家には、これまた大きな蔵書があって、国男はまたもや読書三昧の生活を送ることが許されたのだ。

中学校編入と一高入試

しかし、明治22年に両親が弟二人を連れて、故郷を引き上げ、布川の長男のところに合流すると、国男が学校に行っていないことが当然問題とされたのだろう。兄二人も、頭のいい国男は大学に行くべきだと思い、学資は次兄が出す、他の責任は長兄がとるということで、急遽国男に中学校の卒業資格を取らせなければならないということになった。国男は高等学校に行くのは大学に行くという前提があればこそのことなので、資金のない自分が高等学校に行くとは思っていなかったという。しかし、明治23年、国男は東京の次兄井上通泰に引き取られ、翌年開成中学校に編入する。その翌年には郁文館中学校に転校しているが、どうも転校はそれだけでなかったらしい。『故郷七十年』の「寄宿舎生活の有難味」の中に、高校受験の面白い話を書いている。

私はわづかな年限で中學校の上級までの試験を濟ませるために、わざ〳〵あちらこちらと轉校して歩いた。一つの學校の一年に入ると二ヶ月ぐらゐで他の學校の二年に入り、また三ヶ月ぐらゐで濟まして第三の學校の三年に轉入するといふふうにして中學の課程を終へたことにしたので、じつに忙しいものであつた。體操したり、繪を習つたりする暇はなかつたのである。最後の繪の試驗があつたとき、石膏の柱を寫生することになつたが、繪など習つたことがないので、眞中の凹みをどうスケッチしていゝのか分らない。十九にもなつてゐたのに、一人でシク〳〵泣き出してしまつた。その後もお世話になつたいゝ先生だつたが、「君は繪のけい古をしたことはないのか」ときいてくれたので「私は方々の學校を飛び歩いてゐたので、繪の方はしなかつたのです」と答へた。「そりゃ気の毒だナ」といつて先生が鉛筆でぐーッと描いて眞中の凹みをつけてくれたので、はじめてくぼみはかう描くものだといふことが分つた。

森鷗外に接する

ここへ来るまでも国男は、当たり前に学校に通うよりも、かえって勉強になるような、優れた人たちと接する幸運に恵まれている。

次兄井上通泰には松浦辰夫（萩坪）という桂園派の和歌の師につかせてもらい、また親しい友人だった森鷗外のところにも連れて行ってもらった。通泰は医科大学で、森鷗外の親友加古鶴所の弟と学友だったことから、森鷗外と知り合うことになった。通泰は、眼科医になるべく医科大学に行っていたが、早くから文学的な資質を見せ、歌を勉強するなど文学に親しんでいたので、医学と文学の両方を志す鷗外とは親友になるのも自然なことだった。『故郷七十年』から「鷗外に知らる」全文を転載する。

醫者で、文學に親しむといふところから、井上の兄は森鷗外さんとつき合つて「しがらみ草紙」「めざまし草」以来いろ〳〵と協力してゐた。私が十代の子供のころ、秋元安民傳を「しがらみ草紙」に寄稿したのも、兄との関係からであつた。又従兄弟の中川恭次郎なども、多少ドイツ語ができるくらゐであるから、森さんのものを愛讀してゐるし、兄のところの書生たちも森さんのものを崇拝して讀んでゐた。近所には芋繁などといふ風變りな文學好きがゐたし、井上醫院の玄関の空気はじつに面白いものであつた。私なども自然に感化をうけ、鷗外の「水泡集」など、文章のいいところを暗記してゐたほどであつた。「於母影」が國民之友に出たのが明治二十一年だつたかと思ふ。SSSといふ名前で掲載された。そのときのお禮が三十円で、それを元にして「しがらみ草紙」が出來たのだつたと思ふ。これはSSSすなわち新詩社といふ名前でだされた。井上醫院の玄関が文學談でにぎはつたのはこの「しがらみ草紙」のころであつた。

子供だつた私は森さんのお宅に伺ふとお菓子が食べられるので、よくお訪ねしたが、「萬年草」の時代には行かなくなつてゐた。高等學校のときでも訪ねて行くと案外快く會つてもらへたことを憶えてゐる。それにあまり説諭とか、訓戒をしてくれる人がゐなかつたので、よく伺つた。すると、「いまは何を讀んでゐる？　どんなものが面白い？」などといふ風なことを聞いて可愛がつて下さつた。弟さんの篤二郎君や、淳三郎君などのまだ小さいときであつた。

森さんといふ人は、私どもには大きな影響を與へた人であつた。露伴さんの方が長生でもあり、附合ひも長く續いたけれども、この人ははじめから高いところにゐる人だと思つてゐたためか、あまり影響を受けなかつた。森さんはこちらの方に降りて來て、いろ〳〵相談に乘つてくれる人だつたから、これだけは本当にありがたかつたと思つてゐる。たとへば本一冊讀むのにも、こちらの立場まで戻つて來て探してくれたりした。私はドイツ語はあまりやらないが、パウル・ハイゼなど、森さんの翻訳が二つ三つあるので「私はどうもハイゼが面白いやうに思ひます」といつたら「ハイゼならあるよ、君もつて行きたまへ」といつて「ノイエン・シャッツ」といふドイツの短編集を出して下さつたことがあつた。それを見るとハイゼの短編がいくつも出てゐるのである。ハイゼはハルトマンなどの現はれる一つ前で向うでも相当な地位にゐた。ドラマもあるらしいが、この方は私はあまり知らない。

この間も小堀杏奴さんに會つたをり、「私はあなたの生れるより何十年も前に、千駄木のお宅に伺つてお菓子をたべた人間ですよ」と話したことであつた。

国男は既に東京に出る前の年に、まだ鷗外に直接会う前に『しがらみ草』第二号に和歌を一つ載せてもらっている。明治22年、15歳のときである。

五色の歌よみける中に黒を
夕からすねくらもとむる山寺ののきにほすなり墨染めのそで

明治23年に東京の通泰の医院に暮らすようになってからの国男は「しがらみ草紙」「めざまし草」に毎号のように和歌その他を載せている。和歌は全部で23作を数えるという。

鷗外の親友賀古鶴所について国男は「故郷七十年拾遺」の「賀古鶴所」に、「賀古鶴所さんはじつに面白い人で、私を大變可愛がつて、暇さへあると呼んでくれた。寄宿舎時代の鷗外さんのことなど話してもらつたこともある。」と書いて、そのエピソードを書いている。

寄宿舎の格子戸の桟がはづれて一か所だけ開くやうになつてをり、小柄の森さんなら潜つて出られた。他の連中が捉へようとするとひよいと外へ出て、屋根の上を歩くので、危くてしやうがない。いゝから入つて來いといつてもなかなか入つて來なかつた。その時分から賀古が森をかばつてやつたといふ話であつた。

賀古さんはまあ鷗外のファンで一生暮らして來たやうなものだといつてゐた。

国男より九歳年上の通泰が、鷗外、賀古鶴所と親しく付き合う様子を身近に見られたことは、国男にとっては何よりの経験だっただろう。医者でありながら文芸にも長けた大先輩は、大いなるロールモデルとしてうつったのではないだろうか。

桂園派歌人松浦辰夫（萩坪）に入門・田山花袋との出会い

国男が通泰の計らいで、桂園派の歌の師匠松浦辰男（萩坪）の門下に入ったのも、同じ明治23年、東京の通泰の家に住むようになってすぐだった。「さゝやかなる昔」（『定本柳田國男集』）に収められている「萩坪翁追懐」に、「歌より外に露骨に云へば人生の観方と云ふやうなものをも教へられた。」と書いている。

国男はそこで既に松浦師に師事していた田山花袋と出会い、四歳年長の花袋を通して作家を目指す花袋の文人仲間とも、共に親しく付き合うようになる。

天神眞揚流柔術

中学時代は転校を重ねていたので、学校友達はできなかったのかもしれないが、国男は次兄井上通泰の師事していた井上敬太郎という天神眞揚流柔術家の御徒町の道場に通った。誰でも知っている講道館を作った嘉納治五郎は、同流第三代目礎正智の弟子だったという。井上敬太郎は礎正智の高弟で、道場は大学から池之端へでてゆく途中、天神下の吹抜の横丁という所にあったという。

国男は一高に入ってからも柔道は続けたようだ。ここで出会った友達のことなど、楽しい思い出話を「柔道の稽古と『文學界』への寄稿」（『故郷七十年』）に書いている。

寒稽古の時、痩せた相手とやると痛いので、自分はいつでも岡松という太った友達が来るのをまって、組むことにしていたという。太った人と組めば、ぶつかっても痛くないからだという。この彼は井上匡四郎と姓が変わっているが、晩年の国男は成城の鍼医のところでよく会うようになったというから面白い。これは国男が妻孝と共に昭和20年来週二回、健康法のために通っていた鍼医である。筆者も六歳頃に重い喘息を起こすようになり、祖父母に連れて行かれ、ずっと通うようになった。この鍼医、——平方龍夫大先生が、キリスト教伝道と盲人の鍼医育成と合わせて運営していた施設、信愛ホーム——現在も大先生のお孫さんが院長を務め、予約がいつもいっぱいだ。

先祖、両親、兄弟

国男の身に起きた人との出会いの幸運について書いてきたが、国男が両親から受けた気質や才能や教育、大変貧乏だったとはいえ家庭環境も、国男の人格形成、及び、先に行って民俗学という新分野を拓くための知性を育んだ、大事な要因だったというべきだろう。

国男の祖先や父親操(維新後賢次から改名。号は約斎)と母親たけの国男に与えた影響については、後藤総一郎の率いる研究者たちのまとめた『柳田国男伝』に詳しく書かれている。また新文芸読本『柳田國男』(河出書房新社、1992年)に、後藤総一郎が分かりやすくまとめて書いたものがあるので、ここでは、将来の人生を詩人としてのみ生きるという枠におさまるはずもない国男のバックグランドを提示する目的で、その中から拾って、簡単に記すにとどめる。

国男の「父操は、文才のある教育ママ小鶴のスパルタ教育を受け、二歳で字を覚え、七歳で国文を解し、十歳で詩を賦したという。藩校好古堂に入学してからも、成績は優秀で、十六歳の若さで、藩主酒井絹光の前で詩を賦し、女手ひとつで育ててあげてきた母小鶴を喜ばせている。」

操の父親至は網干の中川家（中川恭次郎の出た川邊の中川家から、何代か前に分かれた家系）から松岡小鶴の婿に入った人だったが、腸チフスにかかったときの我ままがもとかで、小鶴の父親左仲に離縁されたという。ところが左仲も二年後に亡くなってしまった。操はまだ九歳だった。離縁された至はその後生野の真継家の当主の弟として入籍して、真継陶庵を名乗った。操は母親への反発もあってか、この父親のところに通い、「漢籍などの学問だけでなく、時代を見る眼を学び、時代と切り結ぶ激情を抑えきれなかった。好古堂内でも、学友と論争し、教授たちに反発し、結局は退学させられることに」なったという。

「操はたけと結婚し、八人の子供をつくるが、仕事は長続きせず、ノイローゼにもなる操の根底には、こうした若き日の挫折体験があったのである。操は、自分がなし得なかった夢を、父陶庵の話に変えて柳田達に語って聞かせた。そして、柳田達兄弟も、会ったことのない祖父の墓を訪ね、なつかしさに浸るのである。」

国男は男ばかり8人兄弟の6男として生まれたが、次男だった兄が19歳で亡くなり、4男、5男は夭折している。お父さんが激情型だったり、ノイローゼだったりして、生活力が弱い中で、8人も男の子を産んだお母さんのたけはどんなに大変だったかと思う。

生家は、今でも兵庫県福崎町に移築されて公開されているが、小さい家で、ここに弟5人も同居している中で長男が19歳でお嫁さんをもらって同居したのだから無理があった。

長男鼎は二度妻に去られ、小学校の先生や、校長をしていたが、母親との折り合いが悪いので、東京で医者になる勉強をするのがいいということになり、土地を売って、その資金に充てた。当時、ドイツ語を使わずに翻訳本で勉強して医者になる道があった(東京帝大医科大学別科医学科)のを利用したのだ。その後、鼎にも運が巡ってきて、明治19年医者の資格を得た鼎は、翌年2月、茨城県布川で医院を閉じる人の家を借り受けて、すぐに開業することができた。

その年の9月、国男は13歳で両親と弟二人と別れて、布川の長兄のところに引き取られた。国男の九歳齢上の次兄通泰は12歳で医家である井上家に養子に行っていたので、既に14~15歳の時に東京に出て来ていて、明治20年には東京帝大医科大学の学生をしていた。こちらはドイツ語を使って医学を学ぶコースというわけだ。国男はその兄に連れられて故郷を離れ、東京の井上の家に一泊して、茨城県布川に送り届けられた。

兄弟が養子に行った者もありながらも、親しく付き合い、助け合う姿勢は、松岡兄弟の間で晩年まで全うされている。国男が柳田家に請われて養子に入ったことを、友人たちも疑問に思い（田山『妻』）、ずっと後の研究者たちも、国男の打算を疑う様子を見せるが、幼少時代から次兄が養子に行ったことで、余裕のある生活をするのを見て、国男は弟がまだ二人もいたのだから、いずれいい縁談があれば、養子に行くことには抵抗はなかったのではないだろうか。家制度があった時代は、次男以下が他家へ養子に行くということは、珍しくも何ともなかった。打算と賢い選択の区別は難しい。

父の影響ということでは、『故郷七十年』に「竹馬餘事」という文がある。

私がいよ〳〵播州を出る時、父からかういふ時には、昔の人はみな送別と留別の詩を作って出たものだといふ話を聞かされた。私もこの父の言葉にしたがひ、ほとんど発つ直前であつたが、一生懸命になつて留別の詩を作つたのである。半紙を半分に折り、横に二つに折つた細長い帳面を拵へ、それに自作の詩を書き、自分で製本したものでこれに父が表の題と裏の名前を書いてくれた。

詩は「詩語砕金」とか「幼児詩韻」とかいふものを手本にして集めて作った詩だから誰でも作れる、價値のないものであるが、その父のつけてくれた表題が面白い。「竹馬餘事」

といふ、つまり竹馬の餘暇にこの詩を作った証拠というつもりでつけたものらしいのである。裏の名前もシナ風に書いてある。（中略）

明治十七年か八年だつたか、宮中の新年の御歌始に「雪中の早梅」といふ題の獻詠をしたことがある。無論預選にはならなかつたが、それもこの竹馬餘事には書き残してある。学校の作文も、折にふれた記事もみなこの中に入つてゐる。（中略）眞書で細い字で書いており、その中に挟んでおいた罫までがまだそのまゝ残つてゐる。

母たけ

母たけのことは、国男は自ら「母の腰巾着だった」と言っているほどで、長兄の妻が二人まで去るようなことがあっても、母親の批判はしていない。ひとえに日本の小さな家が、二世代同居に無理があるのだと考えて、これなども民俗学者となってまで抱えた大きな問題意識だった。

『故郷七十年』には「母の長所」という一文を載せている。近隣の女性たちの「夫婦喧嘩の仲裁をする時の、母のもののいひ方、豊富な語彙、態度はまつたく政治的であつた」と書いている。また「母は大學とか中庸とかいふ四書でもみなの讀む三部経の類でも、眼では覚えずに何べんも聞いて耳から覚え、頭で覚えてゐた。そしてこちらの部屋で私が素讀してゐるのを聞いて、間違ひを直してくれるのが常であつた」と書いている。国男の特別な記憶力は、父親のものというより、この母親のものだったと言われている。

松岡五兄弟

国男たち五兄弟については、姫路文学館の作った『松岡五兄弟』（1992年）に分かりやすくまとめられている。ここには、その中の記述から簡単に紹介する。

国男の長兄鼎は明治20年に茨城県布川で開業し、明治24年に布川から利根川の対岸、千葉県布佐に引っ越して医院を開くが、「医学研究会」をおこすなど、地域の衛生、改革を推進したほか、東葛飾郡会議員、布佐町長をつとめ、地方行政に尽力した。また、「私立布佐文庫」の設立を提唱した。明治41年開設のこの文庫には、当時千葉県下で三番目の規模を誇る書籍が集められた。

次兄井上通泰は眼科医として開業もし、間で姫路で病院勤務をしたりするが、早くから歌を学ぶ。森鷗外と親しくなり、『於母影』に訳詩を載せている。鷗外と歌会「常磐会」を作り、山県有朋を惹き入れ、山県と近づくなど、政治的な面もみせた。御歌所寄人、宮中顧問官を務めた。史学、文学に造詣が深く、晩年は医業を廃し、万葉集、風土記の研究に没頭した。代表作に『桂園叢書』『蕃山考』「南天荘詠草」『万葉集新考』『播磨國風土記新考』などがある。

国男の3歳年下の弟松岡静雄は、国男によると早くから自分の人生を真面目に考えて、海軍兵学校に入り、明治23年首席で卒業して、海軍におけるエリートコースを進んだ。大佐まで昇進するが病気し退役した。国男の助力を得て「日蘭通交調査会」を設立する。海軍士官当時から南洋諸島の言語、民俗を研究していたが、晩年は鵠沼に引きこもり、学問に没頭する。民族学、言語学、国学など対象は広く、多数の著作を残した。主な著作に『太平洋民族誌』『日本言語学』『播磨風土記物語』『日本古語大辞典』『紀記論究』『万葉集論究』等がある。鵠沼では庭にテントを張って、神楽舎《ささらしゃ》という新進の若者を集めた勉強会を開いていた。

国男の六歳年下で末弟の松岡輝夫は松岡映丘という日本画家として、大和絵の復元に功績をあげた。映丘が東京美術学校（後の芸大）の教授として育てた日本画の弟子は誰も知らぬ人の無い、山口蓬春、山本丘人、橋本明治、高山辰雄、杉山寧、等である。美校の教授としては、学生を集めて国史、国文学、有職故実、風俗史などを研究する会を組織する。後に自宅を会場にし、「常夏会」と呼んだ。

親の教育、血筋、兄弟の切磋琢磨で、兄弟揃って何者かになっているのも驚きである。国男が新体詩をやめたと言って、それに無理な理由を求める必要が、そもそもどこにあるかと思う。詩人としてのみ生きるというような、一つの枠に収まり切らないのが、松岡兄弟の特質なのである。

国男自身が書いている。日本画家になった弟松岡映丘について書いた文の中だが、

「やはりどうも松岡流の何か人と違ふことをしようといふ気持があつたからであらう」

と(「弟達のこと」『故郷七十年』)。

第二章　国男の新体詩と『文學界』と島崎藤村

第二章は、本来なら順序として、国男が新体詩を詠むようになったこと、『文學界』に投稿するようになって、島崎藤村との出会いがあったこと、『文學界』の版元を引き受けた中川恭次郎と松岡家の親戚関係のこと、柳田国男が晩年新体詩を『定本柳田國男集』に載せることを「峻拒」した理由を『故郷七十年』の中に、いろいろに語り残していること、研究者が国男が新体詩を詠まなくなった理由を「歌のわかれ」という言葉を使って詮議するようになったこと等書くはずである。これをこの本ではまとめて取り出して、小論一として提示した。この一章で、国男の新体詩の問題は完結する。「歌のわかれ」を特別に語ることの不適当なことは全て言えてしまうからである。国男の後の著作に通底する詩心は本書では論じない。

小論一で筆者は結論として、国男が島崎藤村の『若菜集』が出されたのを見て、その詩才の並はずれて優れていることに驚き、自分の詩は題詠の練習で鍛えた作り物だったということを思い知されたのだろうと書いた。明治30年夏の失恋が理由で新体詩をやめたわけでなく、『文學界』の終刊と共に、当時の仲間全員と同じように、アマチュアの域を出なかった新体詩づくりからは卒業し、社会に出て自分らしく生きる道を模索し始めたと結論した。

第三章　田山花袋の国男をモデルにした小説と、国男の花袋宛書簡

国男の恋を知る資料は、恋を詠んだ自作の新体詩と、田山花袋宛て書簡の中の数通の他は、田山花袋が国男をモデルに使った多くの小説があるのみである。国男の恋の実態については田山の小説に書かれたものから推測することしかできないと言える。小説は資料としての使用には限界があるが、明治30年夏の国男の田山に宛てた「煩悶」の手紙は、そのあたりのことを題材にした田山の小説が三作品もあるので、比較検討すると、実話に近いところもあるだろうと、大いに参考になる。

平成に年が変わった頃、田山花袋の遺族のところから膨大な数の田山花袋宛ての国男の書簡が発見されたということで、1991（平成3）年、館林教育委員会文化振興課編『田山花袋宛柳田国男書簡集』（田山花袋記念館研究叢書　第一巻）が発行された。それまで、恋多き国男のイメージがありながら、国男自身が若き時代の恋の話に触れようとしなかったので、研究者は花袋の

小説から類推するより方法がなかったところに、117通という花袋宛ての国男の書簡が出てきたのだから、世紀の大発見と言ってもいいほどのものとして、一気に研究が進むかのように期待されたのではないだろうか。

ところが、実際には、新体詩に詠んだ恋人が実在の少女だと書いた明治29年7月の書簡、明治30年夏の何か恋愛関係で複雑なことが起きて「煩悶」しているのだろうかと思わされる1通の長い手紙、それに付随する短いもの2通、そして32年夏の2通の「コメヂイ」が起きたことを書いた短い書簡くらいしか、国男の恋或いは恋心に関したknown めぼしい書簡はないのである。岡谷氏がこれ等の書簡をどう使って、恋の挫折の「罪責感」に結びつけるか、章をあらためて検証する。

幻の「恋愛日記」

『殺された詩人―柳田国男の恋と学問』（新潮社、1995年）及び『柳田國男の恋』（平凡社、2012年）の冒頭に岡谷氏は、国男が田山に預けた「恋愛日記」が田山の遺族のところから出てきて、筑摩書房を通して国男の未亡人柳田孝に返却されたが、それを孝が怒って焼いてしまったという話を角川源義氏が語ったと書いている。孝が本当に焼いたかどうか、孝の長男夫婦（筆者の両親）は直接は見聞していない。田山の遺族にしても、角川源義にしても、筑摩書房にしても、間に介在した人はコピーを取らなかったのだろうか、不思議なことだ。何が書かれていたか知る人はいないようだが、大したことは書いてなかったからだろう。それを証明するような、田山の書いた文章が残されている。

田山はこの日記のことと思われる日記の一部を自身の編集する『文章世界』の明治39年4月号(第1巻第2号)に「大学生の日記」と題して引用している。末尾に自分の言葉で、

こは誰人の日記なるかを詳にせず。友の携へ來てわが家に忘れたるもの」「読みもて行けば面白く優にやさしき節あり。大學生なることは確かにて、此日記の他の条に、戀のこと多く書けるを見ても、角帽金釦鈕の色白姿のいかに路上の少女の眼を惹くに足るかを知るべし」「此日記猶面白き處少なからず。又折に触れて其一節を出して諸君諸嬢に示すことあるべし

と書き添えている。「諸君諸嬢に」と書かれているのは、『文章世界』が、若い人向けの、文章作りの勉強のための雑誌だからだ。

引用された日記は3月11日から3月14日の四日分だが、海軍士官の弟が航海に出るので会いに行った様子が書かれていて、国男の弟静雄が明治31年3月17日に出港した事実と重なってい

る。特にゴシップになりそうな話も書かれていないようで、国男の未亡人に返却するに当って筑摩書房がコピーを取り置かなかったとしても不思議はないかもしれない。

第四章　田山花袋と柳田国男の親友関係

田山花袋と国男は歌の師匠松浦辰男の門下生として明治23年、花袋二十歳、国男十六歳のときに出会って以来、間にあまり会わない期間もあったようだが、ずっと一番の親友だった。

面白いのは、花袋は年上なのに、国男の上に出ることなく、国男のほうは対等というより、ずうずうしく威張らせてもらうというほどの関係でいたように見える。『故郷七十年』の「田山花袋への好意」に国男は、「私はどういふものか、まあ蟲が好くといふか、ずつと好意をよせていた」と書いている。神経質な国男にとって、花袋は常に穏やかに、国男を持ち上げて気持ち良くさせてくれる、ありがたい年上だからこその親友だったのではないだろうか。

田山花袋は「私のやって来たこと」（『文章世界』15、1920年11月号）に書いている。

自分のほうが年上であつたにも拘らず、柳田君には、常に畏友として交際してゐた。よく不安や失望を君のところに持つて行つた。外國のものを多く手にするやうになつたのも、半ば君の指導に由つたと言つて好い。友達の中でも殊に理解力の発達した人であつた。

国男は実証的な学問に進んだような人だから、小説家になることは考えていなかったからだろう、花袋とは競争意識を持たずにすんだということも長く親友関係が続いた大きな理由ではなかっただろうか。花袋は国男の美男振り、スタイリスト振りに全く参ってしまっていたようだ。

筆者の手元に田山花袋文学記念館が作成した「柳田国男をモデルにした小説」というリストがあるが、何と50作品が挙げられている。中には国男に聞いた事件を題材にしたものなど、国男をモデルにしていないものも混じるが、考えられない数だ。花袋は既に明治40年に『蒲団』を書き、当時はやり出した自然主義作家の第一人者としての名を確立するに至るが、それまでに花袋が国男をモデルにして書いた作品が10作ある。明治30年夏の国男の恋の「煩悶」を題材にした三作品は、『蒲団』の前後にまたがって出された。『野の花』（明治34年）、『春潮』（明治36年）、『妻』（明治41年）である。

特筆すべきは、国男が自分の恋の話を、花袋が小説の題材にするようにと、積極的に提供していることが、花袋宛ての書簡に明らかなのだ。それは明治30年の恋のもつれによる「煩悶」の手紙にも明らかだし、2年後に出された明治32年の書簡にも書かれている事実である。

しかも、国男は柳田家に養子に行って、加賀町の柳田の家に住むようになっても、家に仲間を集め、新しい洋書から仕入れた話や、官庁の仕事がら知った犯罪の話など聞かせて、田山や小栗風葉や若い文士たちが小説のタネを求めて参加したということだ。後々までも、花袋に進んで書かせた自分の行為を後悔するようなことは、どこにも一切、書き残していない。

正宗白鳥が龍土会の忘年会の席上で国男が田山の書くものについて発言したことを記している(『現代日本文学全集―柳田国男集』月報28、1955年1月、筑摩書房)。

「諸君、田山君の小説に書いてゐる事は間違つてゐます。ウソです」と云ひ、それから、「僕の事を田山君などが、何とかかとか小説のなかに書くのは、迷惑です、、、」と、迷惑する感じを、明晰的確に述べた。花袋はたゞ首垂れて黙してゐた。

右の話は、国男が田山に語った樺太の話についてだったことは白鳥も書いている。白鳥の書いたものについては国男も書いている(「田山花袋の功罪」『故郷七十年』)。

少し固すぎる位真面目な人間が、後生大事に小説を書いてゐる、それが田山だつた。ところが長い間には、だんだんと世の中の風潮に漂はされ、自然主義といつたやうな言葉の意味も前とは變つて來てゐた。内容も議論の筋も作品の上に現れた気分にも、私どもはいつも悪口をいつて「あゝ書いちゃ駄目だよ」など批評するものだから、正宗白鳥がいつぞや「柳田君は田山に會ふと罵倒するので困る。田山がちつとも、何とも反抗しないで黙つてゐるのに、、、」などゝ書いたものだから、私が非常に悪者のやうになつた。然し元の起りはさうではない。

また別のところでは（『東京の三十年』、「さゝやかな昔」『定本柳田國男集第二十三巻』）、田山とのやりとりについて、次のように書いている。（初出『藝林間歩』二巻五号１９４７年）

彼の自然主義なるものに對しては、自分は寧ろ同情の足らぬ批評家であつた。ちやうどあの前後、私は役所で特赦の上奏案といふものをこしらへる役を命じられ、月に何十件といふあはれな犯罪事件の書類を見て居たのだが、さういふ中でも取分け心を打たれたものを、よく覺えて居ては彼に話し、それが作品となつて現はれたのも幾つかある。勿論注意深くそれを讀んで見るが、この誠實なる「作前讀者」とも名づくべき私に、何とも腑に落ちない補充や變更が少しづゝあることは、いつも不満の種であつたけれども、それをいふことは出來なかつた。たま〳〵何かの拍子に私の事を、モデルにしたにちがひないと思ふ作品があつたのをとつこにとつて、寫實々々と君は言ふけれども、眞相を得て居ないぢやないか、といふやうなことを論じてみたことがある。今なら斯様な突詰めたことは、いくら親友にでも敢てしなかつたらうが、私は元来程あひを知らぬ男だつたと思はれる。之に對しては田山君は、こまるといふよりもむしろ憤つた。さういふ風にしか見えなかつたのだからし方が無い。つまりは僕がまだまづいといふことを、君は遠まはしに言はうとするのだともいふので、こいつはいけないと思つて忠告は撤回してしまつたが、

花袋は1899(明治32)年に、紅葉会の仲間の太田玉茗の妹に恋し、是非と言って貰い受ける。結婚の承認を国男と国木田独歩で務めている。国男は花嫁の嫁入りの列の三台のリヤカーの後ろに正装して人力車に乗って従ったという。花袋の子供の名付け親を頼まれて、明治33年に生まれた花袋の長男に先蔵という名を付けている。

花袋は昭和5年5月13日に59才で亡くなった。国男は葬儀で前田晁と共に友人総代を務めた。

国男は1927(昭和2)年、10歳の長男を牛込から移転した成城学園に入れるために、成城に家を新築し、書生として岡正雄と野沢虎雄を伴って、男4人で移り住んだ。現在飯田市美術館内に移築されて、伊那民俗学研究会が使用している洋館である。

引っ越して間もなく、花袋が訪ねてきたときのことを、長男柳田為正が書いている(田山花袋

記念館開館5周年記念の特別展の時に出された冊子「柳田國男と田山花袋—不撓の絆」)。

花袋はその新居に三度来訪したという。そして花袋の亡くなった1930(昭和5)年の夏、国男は為正とその姉の千枝子(当時18才)を連れて、近江大津から京都、山陰北陸地方への小旅行をしたという。但馬から宮津(天ノ橋立)へ出て、若狭より越前の方への汽車旅行、直江津あたりまで北陸海岸を走って信越線経由で帰京した。為正は当時はその意図が分からなかったが、今回『田山花袋宛柳田国男書簡集』を見ていて、これが明治42年に花袋からアドバイスを得て行った旅行を逆回りに、足早にたどったものだったことに気がついたと書く。親友田山花袋を悼む気持ちを、そういう形で表した旅だったようだ。

その年、国男は「花袋君の作と生き方」(初出、花袋の葬儀直後の昭和5年5月19日、20日、21日にわたり東京朝日新聞に連載された。後に「さゝやかなる昔」所収)に自分が花袋の自然主義の作家活動から受けていた影響について、興味深いことを書いている。

(前略)我々の携はつて居る社會科學の方面でも、名士の独断なるものが必ずしも傾聴せられず、次第に銘々の分担をもつて、もう一度直接に観察しまた記述して置かうとする學風に向つて來たのは、一半は少なくとも文學の自然主義の影響で無かつたとはいはれぬのである。殊に私などが題目の大きい小さいについて、丸で世間と懸け構ひの無い尺度をもち、果して現實の用途があるか否かを確めなくとも、平気で記録を取つて遺して置くことが出來るやうになつたのは、善かれ悪かれ、とにかくに田山君の感化であつた。それを生前に話して見る機會はなかつたが、聴いたところで何とも思はなかつたかも知れぬ。（後略）

花袋の小説については、国男はまだいろいろ言及しているが、ここでは割愛する。間に疎遠の時があっても、一番の親友に対する暖かい思いやりの気持ちはお互いに持ち続けていたことだろう。

第五章　岡谷氏による国男に「隠し子」がいたという説の誤りを検証する

岡谷氏の「隠し子」説の、根拠のなさ、無責任さを思うと、こういう形で批判するのは気の毒なほどだが、私が遠慮し過ぎて、書かずにほっておくと、謂われもない間違いだということを知らず、鵜呑みにして、ドラマ化したりする人が出てくる可能性が看過できないというのが、こういう本を書くに至った経緯だということは既に本著のまえがきに書いた。

岡谷氏の柳田国男本の第一冊目の『柳田国男の青春』が大好評をもって柳田国男研究者にも、柳田国男ファンにも受け止められ、またその後、国男の田山花袋宛て書簡が発見され、出版されたこともあって、国男の恋に調べ甲斐のある謎があるという思いを深める人が増えたのではないだろうか。岡谷氏は柳田国男論の大家として、講演に呼ばれたり、『柳田國男全集』に解説を書いたり、柳田国男論関係の本を開けば岡谷氏の名前が載っているほど、この方面で活躍されるようになった。岡谷氏のその後の柳田本も含めて、岡谷氏の一連の柳田本は、その後、柳田を書いた本の参考文献には必ずのように掲載されている。

筆者は、恋の挫折が原因で国男が詩人であることをやめて、「私」を捨て去って、「心を全く入れ替えて」、実学に向かったという岡谷氏の柳田国男論は、「隠し子」のあるなしに関わらず、土台が間違えていると考える。見解の違いというようなこととは違う。このことは、是非とも書き残しておきたいと思うのである。親族の中で、筆者のみが、まがりなりにも民俗学で学士、修士をとっていることだし、これも私の使命、運命だと感じている。

岡谷氏は『柳田国男の青春』は「隠し子」疑惑のことには触れずに書いているが、これから詳述するように、岡谷氏は柳田本のこの第一冊目を書く前段階の取材で、ある人から、中川恭次郎の育てている次男は「さる有名人の隠し子」だと聞かされ、その時点で国男の子なのではないかと、疑惑を抱くに至っている。

私の手元に田山花袋記念館開館5周年記念講座（1992年）の冊子がある。講師の一人を務めた岡谷氏の講話の原稿の最後に、「極端な言い方をすれば、恋と詩がおわったあとの柳田国男にとって、人生は余生に近いものであったのである。」とある。国男の民俗学を「余生」と言う言い方は、岡谷氏の1996年の『殺された詩人―柳田国男の恋と学問』でも、また「隠し子」説をはっきり唱えた2012年の『柳田國男の恋』にも繰り返されている。

1．岡谷氏が柳田論を書くきっかけ

岡谷公二氏は1952年に東京大学文学部美学美術史学科を卒業して世に出た方で、著書の中では『アンリ・ルソー　楽園の謎』、『郵便配達夫シュヴァルの理想宮』、『レーモン・セールの謎』、『ピエール・ロティの館　エグゾティスムという病』、『絵画のなかの熱帯』等のフランス関係及び美術関係のタイトルの本が目立つ。

柳田国男に関する本を四冊出しているが、専ら、若い時に新体詩に恋の歌を詠んで評判をとった、詩人であるべき（と岡谷氏の考える）国男が、何故詩をやめたかを詮索、解明することに力を注いでいる。

国男が「隠し子」を作るに至った恋の挫折の「罪責感」から詩人であるべき自分を「殺して」、経世済民の実学民俗学に進んだが、それは国男の本質でなかったことを、最晩年の『海上の道』で国男が科学的であることに縛られず、詩人としての感性で南の島から稲を携え北上した日本人の由来を説いたことをその証として論じる。

岡谷氏は、1961（昭和36）年夏、宮古島への旅行に携えた『海上の道』を「一読して心を奪われ」、柳田の著作を過去にさかのぼる形で読んだと言う（『柳田国男の青春』あとがき）。

1961（昭和36）年と言えば、柳田国男の亡くなる前年で、『故郷七十年』が神戸新聞に連載されたのが、昭和33年の初め、のじぎく文庫から単行本として出されたのが1959（昭和34）年である。国男はその頃編まれることになった『定本柳田國男集』（昭和36年、第一回配本）に若い時に詠んだ自分の新体詩を含めることを「峻拒」したと伝えられ、何故そこまで青春時代の恋を詠った新体詩を載せないことに固執するのか、何か隠された理由があるのではないかと、穿鑿する向きも多かった。岡谷氏の柳田論もそこに端を発していると言える。『柳田国男の青春』のあとがきに、「**半ば好奇心から読んでみたいと思い、国会図書館へ足を運んで、**云々」と『文學界』の旧号を借り出して国男の新体詩を読んだことを書いている。

岡谷氏は柳田国男論の第一冊目、『柳田国男の青春』（筑摩書房、1977年）を書くに当たって、1975年頃か、森銑三に取材した。森銑三は野に在って歴史学、書誌学の分野で多くの著作を残した学者で、国男の次兄井上通泰を知るようになり、通泰の晩年の十数年（1941年没、享年76才）、師と仰ぎ交流した。森銑三は通泰の紹介で、その親しい親戚である中川恭次郎と近づきを得、特別に親しくしていた。

中川恭次郎については、国男は『故郷七十年』で言及しており、また井上通泰も、森銑三もそれなりに書いているが、世間にも、研究者にも、国男との関わりをあまり知られていないのが実情だった。岡谷氏は森銑三を通して思いがけず中川恭次郎と国男の関わりについて新しい情報を得ることになったのである。

岡谷氏は最新の『柳田國男の恋』（平凡社、２０１２年）、で、国男が新体詩に詠んだ恋人（或いは田山が小説に書く、布佐の隣家の幼馴染の娘）に子を産ませ、中川恭次郎に「隠し子」として育ててもらったと、いくつもの根拠と呼ぶものを並べて証明することを試みている。もしその話が事実なら、岡谷氏が森銑三に取材したことがきっかけで、岡谷氏のみが知ることを得た、大スクープであった。

2．岡谷氏が「隠し子」の疑惑を抱くに至った理由と発表までの経緯

中川恭次郎は既に１９４２（昭和17）年に亡くなっていたが、岡谷氏は森銑三に中川の遺児三人（当時三人とも既に70才を過ぎていた）と、その後あらためて中川を師と仰ぐ（医学と座禅を合わせたような精神療法の師ということか）、池上本門寺の門前の葛餅屋のおかみさんに紹介され、会いに行った。

岡谷氏は三人の遺児に会ったときは、何の疑念も持たなかったようで、中川恭次郎についての思い出話を聞いて帰ったようだ。ところがその後会った葛餅屋のおかみさんから、恭次郎の次男（知恵遅れと書かれている）は「さる有名人の隠し子」だと聞かされた。岡谷氏は『柳田國男

の恋』」に次のように書いている。

その後も私は、中川恭次郎と言う人物に関心を持ち続けた。葛餅屋の女将さんが口にした「さる有名人」は、もしかしたら國男かもしれないという思いもあったからである。

ここで注目すべき点は、岡谷氏が1977（昭和52）年に初めて柳田国男論を『柳田国男の青春』に書いた時点で、既に、国男に中川に貰ってもらった「隠し子」がいたかもしれないという疑惑を抱いていることだ。この後に岡谷氏の書いた柳田本は、皆その点を明らかにする試みだと言ってもいいことになる。

1985（昭和60年）に書いた『貴族院書記官長柳田国男』（筑摩書房）の「あとがき」に岡谷氏は次のように書いている。

八年前に『柳田国男の青春』を出した時、私は、続編を執筆する計画など、少しも持っていなかった。書きたいことは書き尽くしてしまったような気がしていたからである。しかしその後、柳田国男についての原稿や講演の依頼を受けることが多く、青春期以後の事績を調べているうちに、貴族院書記官長をしていた六年間のことが次第に気になりだした。官吏としてもっとも顕職についていた時期なのに、柳田自身はほとんど何も書き残しておらず、研究者たちの死角に入っていて、伝記上の全くの空白部分になっていたからである。

この空白が私の好奇心を吸い寄せた。私は、当時の新聞や雑誌を漁り始め、ゴシップその他を通じて、彼の思いがけない横顔に接するにつれ、深みへと引きこまれた。そして気がついたら、いつのまにかまた柳田国男のとりこになっていたのである。

「隠し子」疑惑を胸に抱えていた岡谷氏は、国男が貴族院書記官長だった六年間のことが明らかでないことが気になりだして、調べることをしたということのようだ。当然、「隠し子」説に何かヒントになるようなことが見つかるかもしれないと、期待しただろう。

筆者は『柳田國男の恋』に、国男に「隠し子」がいたと書かれていることに驚いて、岡谷氏に電話をして、「隠し子」の母親候補は誰を想定しているのかを尋ねた。岡谷氏は、新体詩に詠まれた少女か、（田山花袋が国男の恋を題材に書いた小説に出てくる）隣家の幼馴染の少女のどちらかだろうということだった。どういうわけか、二人のうち、どちらかというと後者だろうと言い、また、柳田の人格からして、柳田家に入ってからそういうことがあったということはあり得ないと断言した。これは、『貴族院書記官長柳田国男』を書いているときに、疑わしい女性関係のゴシップが一切なかったところから、国男の堅物ぶりを知るようになり、断言できたということだろう。

国男の次女千枝子が結婚後の28歳の時に柳井統子というペンネームで国男と家族のことを自身の視点から書いた短い小説「父」というのがあり、これにも、「父は嫉妬で母を悩ますやうな何等の問題を起さず、その精力の全部を学問に打込んで精進してゐたので云々」と書かれていることは、小論一で既に紹介した。

岡谷氏は『柳田国男の青春』(1977年)では註に森銑三の名を出すだけだが、そこに「森氏からは、直接にていろいろと御教示を得た」と書く。『柳田國男の恋』(2012年)に初めて「中川恭次郎という存在」という章を設けて、新体詩人時代の国男を調べているときに森銑三に会いに行って、中川恭次郎の遺児3人と、別に生前の恭次郎をよく知っていた池上本門寺前の葛餅屋のおかみさんに紹介されたことを書いている。葛餅屋のおかみさんから中川恭次郎の次男が「さる有名人の隠し子」だと聞いて、「もしかしたら國男かもしれないと」思ったことは、『柳田国男の青春』では全く触れない。

逆に岡谷氏は、島崎藤村の新体詩の恋は女性を知る男の恋なのに対し、国男の恋は未だ女性を知らない男のプラトニックな恋だと書いている。そして筆者が小論一でも紹介したエピソードだが、田山花袋の『近代の小説』に書かれた、国男が藤村に君は女を知らないのかと聞かれて困ったという話を書いている。

岡谷氏は1977年の『柳田国男の青春』では、国男の恋についても「感情上の切実な体験」として左記のように書くだけで、後の1995年の『殺された詩人―柳田国男の恋と学問』、そして2012年の『柳田國男の恋』で国男の恋が「隠し子」を作るかたちで終わったことを想定して、その罪責感から国男が新体詩人になることをやめて民俗学をすることになったという説を唱えることになる兆しは殆ど見せない。

もちろん断定はできないけれども、(中略)国男が、青春のある一時期に感情上の切実な体験をしたことはほぼ推察がつく。彼の抒情の急速な衰えと、この恋の終末とのあいだには何らかの関係があったのではないかと私には思われる。

岡谷氏は「あとがき」に、柳田国男を書こうと思ったのは、「何故彼は詩を捨てたのか」という疑問だったと書いているが、本文では左記のように、詩を捨てた理由の推測はなされず、柳田国男研究に新しい視点を加えることを促して終わる。それとこれが称賛を浴びて、柳田国男研究の世界に突如輝き出た新星とみなされるようになったのではなかったかと思う。

その恋の詩を通してうかがわれる彼のプラトニックな恋愛観は、民俗学において彼に性を扱わせなかったものと、結局は同根なのではあるまいか。

彼の新体詩には、後年の著作では抑制されたり、内にかくされたりした資性や精神的傾向がときにはむき出しにあらわれているゆえ、彼の感受性の本質を知るために、私たちは「野辺のゆきゝ」から柳田國男を読みはじめなければならないのである。

ところが、国男が新体詩をやめた理由を「隠し子」を念頭において探していた岡谷氏を興奮させたに違いない画期的な新情報が出てきた。

まず、1991(平成3)年に館林の田山花袋記念文学館から、田山の遺族のもとで多数見つかった国男の田山花袋宛ての書簡が出版された。この中に、新体詩に詠まれた恋の歌が、いね子という、国男の千葉の長兄の家の近くに住む実在の少女に三年越しに思いを寄せていて詠んだものだということが、国男自身の言葉で書かれたものを初め、幾つか関連の興味深いものが含まれていた。岡谷氏としては、いよいよ「隠し子」説に根拠が見つかったと胸が高鳴ったのではないだろうか。

国男の花袋宛ての明治29年8月3日の書簡から当該個所を引用する。

三年此かたの我恋のうたは皆此母なきいね子が爲によまれたるなり　これも亦縁にや思へば彼女は幸なるものに候　されど彼女はまだ僅に十六にして　至て罪なきなり　切に君が誤解し給はざらんことをいのる　之はかつてより君に告げむとして機なかりし事なり

国男が新体詩を作り始めたのは明治29年になってからだから、三年此のかたの我恋のうたは和歌のことになる。いね子は明治29年には本当はまだ14歳（明治33年に18歳で亡くなっている）、国男は22歳。その3年前というといね子は11歳、国男は19才。国男はただ愛くるしい美少女に注目して、恋の歌に詠んでいたというくらいのことだったかもしれない。田山花袋が親友の国男から小説のタネにと、進んで恋の話を提供してもらい、国男をモデルにして書いたと言われる多数の小説には、国男の恋心を抱く相手がいろいろ登場し、いね子一途でなかったことが容易に推測できる。明治29年8月と言えば、国男は最愛の母親を6月に亡くしたばかりで、最も動揺していた時期の田山への手紙だ。

「誤解しないように」と言うのは、田山がその夏『文學界』の7月号に載せた「大洪水」という小説で、主人公が幼馴染の恋人を妊娠させて駆け落ちをしようとした話を書いたからかもしれない。この小説では親しくしていたはずの両家が利害のくいちがいから仲が悪くなって、両家の幼馴染の男女が愛し合っているのに、結婚が許されない話になっている。娘は妊娠しているが、それでも結婚が許されない話で、主人公の内海惣一郎はそのまま国男をモデルにしているのではないのだろうが、国男と隣家の幼馴染の娘のことがヒントになって書かれているようにも見える。どちらにしても作り話であるのは間違いないところで、ちょうど国男の両親も相次いで亡くなった直後だったからか、田山は遠慮したのか、末尾に「つゞく」とありながら、続きは書かれなかったようだ。

いね子が実在の少女だということが分かって、「隠し子」説に自信を持つに至ったからだろうか、岡谷氏は国男の花袋宛て書簡が出てきたこの段階で、『柳田国男の青春』を再版している(1991年2月、筑摩叢書)。

岡谷氏は1995年に次の『殺された詩人—柳田国男の恋と学問』(新潮社)を出版した。「隠し子」という言葉こそまだ使わないが、国男の新体詩を捨てた理由を「隠し子」疑惑に結び付けて説く柳田論を積極的に推し進めて書いている。それというのも、国男の田山宛ての書簡の出版に次いで、新たにもう一つ岡谷氏にとって、「隠し子」説を支持する新情報とも見えた、面白い話が出てきたのだ。

それは1992(平成4)年に伊良湖岬で持たれた「柳田国男ゆかりサミット」の会場で出会った松岡磐木(国男の弟松岡静雄の長男)が岡谷氏に伝えた、何かこの疑惑に関係ありそうな、意味ありげな話だった。磐木は昭和16年、出征するにあたって中川恭次郎に挨拶に行った。磐木の父松岡静雄と中川恭次郎はもともと近しい親戚関係にあったわけだが、中川が片瀬に暮らした時期があり、海軍を退いて鵠沼に暮らすようになっていた松岡静雄と、付き合いが深まっていた。磐木は恭次郎おじさんに出征前の挨拶に行った。話の詳細については後に(5章2で)あらためて取り上げ検証する。

『殺された詩人―柳田国男の学問と恋』は、「松岡国男の恋」「殺された詩人」、『海上の道』へ」という3章から成っている。本全体のタイトルにも使われた「殺された詩人」というのは、詩人松岡国男の存在を柳田家に養子に入った柳田国男が殺したという意味で、思い切ったセンセーショナルなタイトルになっている。

「殺された詩人」の章から、詩作を止めた国男について書いた部分を少し長くなるが引用する(P.125～126)。

いね子との恋が不幸な結末に終った時、彼は、恋愛という私事だけでなく、「私」そのものさえ捨て去ったかに見える。その辺のところを私は前章（「松岡国男の恋」、筆者註）において、「柳田国男は松岡国男を否定した。そして松岡国男の心にまといついていたすべてのもの、つまり私的にすぎるものや、幼児的なものや、女々しいものや、弱々しいものや、社会に背をそむけがちなものや、暗さや、厭世感といったものを追放した」と書いた。「私」から「公」へ、それは実に大きな心の転換であった。花袋の小説『妻』の中での西青年の言葉を借りるならば、彼は「態度を改めた」のである。

この転換が、恋愛をきっかけにして生れたことだけはたしかである。伊勢いね子に対する彼の恋愛は、このように彼の一生の道筋を決定してしまうほどに重い、大きな経験であった。その実相はまだ闇に包まれているけれども、それが単なるプラトニックラブやゆきずりの恋だったはずがない。

それでも恋愛からなぜこのような転換が生れるのか？　これではまるで恋が、悔いあらためなければならない罪か、大きなあやまちのようではないか？　後年の彼は、おのれの恋について一切口を緘じて語らなかったけれども、恋愛そのものを罪悪視した形跡はない。いね子との恋の中に、こうした転換を促すなんらかの事実があったとしか考えようがない。**それがどのようなものであったかは、今となっては知るよしもないが、「私」にこだわることを彼に許さなかった性質のものであった、とだけは言うことができる。多分いねに対する強い**罪責感を少しでも消すために、彼は「私」を捨てて、「公」へと向ったのだ。そしてこの事実は、彼の心の暗部に、その一生にわたってわだかまり続けていたにちがいない。

私たちは少なくとも、民俗学の確立に当って、柳田国男が大きな犠牲を払ったことだけは忘れてなるまい。彼の「経世済民」の志は本物であり、自分の「功」など彼の眼中にはなかった。それを忘れては柳田国男は救われない。

岡谷氏は『殺された詩人』の３つの章に新たに「中川恭次郎という存在」という章を加えて、2012年6月に『柳田國男の恋』（平凡社）を出した。この本の「中川恭次郎という存在」の章で、岡谷氏は初めてはっきりと「隠し子」という言葉を使い、「隠し子」説の根拠とする箇条を幾つも挙げて、論証を試みている。

この本では、「殺された詩人」の章の右に引用した太字の部分を、想像に走り過ぎたと反省したのだろうか、左記のようにあいまいな表現に替えている。

彼の若き日の女性関係とそこから生まれた深刻な事態の実相は今なお半ば闇に包まれており、今後それが白日の下にさらされることはまずないであろうが、この大きな転換がその辺を契機としていることだけは確かだ。そして強い罪責感がこの転換を促したこともまちがいないだろう。この罪責感を少しでも消すために、彼は「私」を捨てて、「公」へと向ったのだ。そしてこの事実は、彼の心の暗部に、その一生にわたってわだかまり続けていたにちがいない。（P.153）

岡谷氏は『柳田國男の恋』でも、柳田の「隠し子」を生んだ女性が誰かを、具体的に取り上げて検証することはしないが、本の題名が示唆するように、また、本の内容が「隠し子」説の根拠を列挙して示して見せることに多くのページを割いていることからも、隠し子の母親として新体詩に描かれた恋人（或は隣家の幼馴染）を念頭においているのは誰の目にも明らかだ。また前述したように、筆者はこれを直接電話で岡谷氏に確認している。

漸く勇気を出して「隠し子」という言葉を使って、国男が「隠し子」を持つような形で終わった恋に対する「罪責感」から詩人であることを捨てたと言い切るのに、この間、岡谷氏は実に35年を費やしている。

先の電話の際、筆者は岡谷氏に、柳田の遺族に遠慮して書かないでおいた、より強い根拠となる証言等があるか質問したが、知っていることは全て書いたということだった。

3．国男の「隠し子」とされた中川恭次郎の次男の実際の生年

ところがである。筆者の調査で、少なくとも中川恭次郎の次男は件の「隠し子」でないことが戸籍の上から明らかになった。

２０１２年秋、岡谷氏の『柳田國男の恋』の出版を人から知らされて、買って読み、国男に「隠し子」がいたと書いてあるのに驚いた筆者はすぐに、岡谷氏が根拠として挙げている箇条を検証することを始めた。同時に同書の中の手がかりから、中川恭次郎の遺族を探すことに着手した。

２０１２年の年末、中川恭次郎の長男の長女（２０１２年現在85歳）を探し当て、最初は電話で、後には自宅に訪問して、話すことができた。最初の電話の時には、父上（恭次郎の長男）が１９００（明治33）年生まれ、その弟は当然幾つか年下だと言われた。この方は、叔父が貰い子だという話を聞いたことがないと言い、筆者の問い合わせにも不快感を示し、叔父さんの年齢を戸籍を取り寄せて調べる気は全くないと言われた。直後にいただいたはがきには、「家系がごちゃごちゃになるようで変な気持です」と書かれた。

翌年の秋、事前の約束を取り付けずに筆者はこの方を直接訪問した。間にお便りをしていたこともあり、思いがけず温かく迎えていただき、戸籍をとるための委任状も書いていただくことができた。

「さる有名人の隠し子」と言われた次男は、明治36年9月生まれと記されていた。明治33年5月に亡くなったいね子の子であり得ないのだ。

恭次郎の長女である第一子は明治31年生まれ、長男は明治33年生まれなのだが、岡谷氏の1975年頃からの30数年にわたる資料と情報の読み込みをもってしても、恭次郎の次男以外の子供を国男の「隠し子」だという説は言う余地がなかったのだろう。1977年発行の『柳田国男の青春』の取材中に会ったこの二人(当時77才と75才くらいだった)が国男の「隠し子」だという印象が全くなかったのだろう。森銑三も、葛餅屋のおかみさんも、そういう可能性については何も匂わせもしなかったのだろう。「次男でないなら、長女か長男か」というような示唆は無い。

その後筆者は、岡谷氏が使ったと思われる資料・情報等を細かく検証して、新体詩時代の国男と恋人との間に「隠し子」の存在しないことを証明することができたと考えている

要するに、岡谷氏については、「隠し子」説が間違っているだけでなく、国男が「抜き差し

ならぬ、重くて大きい」恋の挫折から来る「罪責感」から詩を捨てたという氏の柳田国男論は、論そのものが間違いだということになる。

以下、なお、岡谷氏が「隠し子」説の根拠としてあげた数々の箇条を、一つ一つ検証する。

第六章　岡谷氏が「隠し子」説の根拠としてあげた箇条の検証

1．明治30年8月1日付の国男から田山に宛てた「煩悶」の手紙

まず検証するのは、国男の身に何か恋に関係する大きな事件が起きて「煩悶」するのか、岡谷氏が「重要な手紙」として全文引用する田山に宛てた手紙である。

この手紙とその前後の手紙のために、国男に大きな恋の挫折があったという憶測がされることになったように思われる。手紙の末尾に8月1日と記されているが、封筒が残されていないため、何年の8月1日のものか特定する必要がある。

『田山花袋宛て柳田国男書簡集』には、編者の小林一郎によって、この手紙が明治32年8月8日付けのハガキと内容が続いていると考えられるとして、明治32年8月1日のものと推定されている。岡谷氏は著書の中で32年8月8日とはっきりわかっているハガキには言及していない。岡谷氏は、8月1日付けのものについて、30年説（「松岡国男の恋」『新潮』1995年）と32年説（「中川恭次郎という存在」平凡社『こころ』2011年）の間で揺れるが、最終的には30年（『柳田国男の恋』

2012）のものと見なして論じているように見受けられる。長い手紙だが、これが岡谷氏が考えるように、国男が布佐の恋人を妊娠させて煩悶していることを田山に報じる手紙だと捉えることができるかどうか、検証する。

今夜も一時になりたれど
まだ一人おきてあり宵の
程より様々と考へはてゝ
今ハ殆わが何の爲にかく
夜を寝がたくするかわか
らぬくらゐに候実に奇し
とも奇しきハ小子か身の
成行に候此二周日あまり
の煩悶ハたとへがたき程也
君もの給ひ我も信ぜし
意思といふものハ果して
実在のものなりやもし在り

とするも小子ハ未だ小子か
身に於て其表ハれたるを
見ず候如何なる一大事の
場合にも我を揶揄し
翻弄するハ皆唯運命
なり誰か人生をローマンス
にあらすといふに小子ハ信せ
す候久しき夏の休を経
て君に書くの日かくも少なき
ハ一ハ小子か疎情の罪なれど
我をしてかく夜となく朝と
なく泣かしめ悶えしめたる
その力の主ハ他に在るへし
君よ我生涯いかにはかなき
ものなりとも我ハ決して此
苦を人に語るを好ます

よし又語りたりとも解する
人少からむましてや同情
を得んなどとハかけても思ハ
す候唯君にのミハ君の
海深の友情の爲に君か
先天的の職務の爲に敢て備
に伝ふべく候如何なる感を以
て聴取し給はんかハ別問題也
されとも之も自いはん力ハなし
会々中川生来りて、我に伴ひ
在り彼かへりて君を見ん
日あらは此書を巻として彼
をしてすべての秘密を洩さしめ
給へ此他にはたとひ君にあひ
たりとていはんとも欲せず
実に我を末の世までも憐ミ

給はんハ唯君ならむ君よ
我ハ今や大なる決心を
なさむとしつゝあり中夜
独坐して悲涙すべて尽
き今や冷淡に趣味ある人生
の恋を観察しつつあり
君も太田君も宮崎君も國木
田君も誰も々ゝ其人毎各の事
業も思想もすべて幸あれ
かしと希望いたしをり候
安くくらし給へ又逢ハン日まで
さらば
八月一日　國男

けふは小子が誕生日
なれどこれをかく時まで

わすれてをり申候

田山君

小林一郎がこれを明治32年8月1日のものと考える理由は、明治32年ということがはっきりしている8月8日付けのハガキにの一行目に「我が爲に一篇のコメヂイを草し給へ」という言葉があり、その行の前に「何処迄翻弄するかしれぬ運命也か　にくく候」と書き足してあるので、右の8月1日付けの手紙の16〜17行目の「我を揶揄し翻弄するハ皆唯運命」とあるのの繰り返しになっているように見える点、また、8月の末日付けの（内容から、小林が明治32年のものと特定する）もう一通の田山宛て書簡に、「此一月の間に移り行き候事殆おのれにすら辿り難いばかりに有之候」とあるのを合わせて、三通とも同じ明治32年の8月のものと見なしている。

筆者は8月1日のものは明治30年のものと考える。その根拠は、先に全文引用したこの長い手紙で、国男は何が自分を苦しめているかを自分から田山に語る気力がないが、ここにたまたま中川（恭次郎）が来て全て見聞きしているので、中川から聞いてほしいと言っている。中川から聞いてほしいと言うのは、これが初めてでない。昭和30年7月6日の手紙に同じようなことを書いている。

此方の事ハ申上にもものうく候
近頃に中川参るはつに候へば
彼より御ききとり被下度候
叔母なる人ハ今月一日より
塩原へ遊行一ケ月ばかり
ハかへられず候昼夜独の時のミ
にてくりかへしく〵いまはしき事
のミ考をり候（後略）

この手紙の内容は、明治34年に田山の発表した『野の花』に書かれたエピソードと重なる。『野の花』では定雄（国男）が、染子（いね子）のお裁縫の先生である「賢母様」或は「おば様」に、染子への恋心を打ち明けると、大学を卒業するまで待つように、その時には必ず仲をとりもってあげるからと言われ、おば様はそのまま塩原に出かけてしまう。

この「おば様」は岡谷氏の松岡文雄（国男の長兄鼎の長男）から得た情報により、実際には国男の亡くなった母にも頼りにされていた大竹たきという婦人だったに違いないとされる。

国男が恋の悩みを田山に直接話す気分になれず、中川から聞いてもらおうとするのが、面白い。国男を主人公にした恋の話を田山に書かせる企てに、中川を一枚加わらせているわけだ。

恭次郎の長女深雪によると中川は明治30年に結婚している。『文學界』の出版元としての中川恭次郎の住所が第35号（明治28年11月号）で本郷区森川町53と記されるようになってから、第56号（明治30年9月号）では、日暮里村に住所が変更されている。中川は結婚直前の明治30年の夏に7月6日過ぎから8月1日まで続けて布佐の松岡鼎のところに滞在していたと考えるのが妥当だろう。明治30年の二年後の明治32年の8月1日に再び中川が布佐に滞在して国男の煩悶の場に関わったのではないと考えて間違いない。

明治30年の夏の国男と中川のことについては、ちょうど布佐の国男のところに遊びに行って一晩泊まったことを戸川秋骨が『文學会』第57号（明治30年10月号）に「利根の川風」という題で書いている。そこには一緒に川遊びする中で、一人川を向こう岸まで泳ぐ尚綱（中川恭次郎）がいる。また戸川は国男の煩悶を聞かされた様子を、左記のように書いている。

この日友（国男）の身の上の、あはれなる物語を聞きて、わが心なきも、いとゞ動かされたり。われに助の力なく、われに慰めの辭なし。たゞ今袂を別つぞつらくのみ覺えし。

『文學界』は翌年明治31年1月には廃刊されていて、その後国男と中川の交流は資料に表れない。中川は明治36年には結核の療養で小田原に居を移したという。大正の初めに東京に戻ったが、大正6年11月には片瀬に移った。ちょうど海軍を退いて鵠沼に住むようになっていた松岡静雄とは、これをきっかけに以後ずっと親しく交流したという。筆者も中川恭次郎の長男の長女から、彼女の父が磐木と後々までも親しかったと聞いている。

もともと中川は井上通泰と他の松岡兄弟より近い親戚関係にあり(中川恭次郎の父親の弟が井上家に養子に入り、通泰の養父になったという関係)、年齢も近い。両者医学を修めている。国男が『文學界』の時代に中川と近しい関係ありながらも、その後特に近しく交わる様子が見えず、中川が通泰や静雄との方が交流が深かったとしても不思議なことではないだろう。岡谷氏は、国男が恭次郎と疎遠になっていると見て、これも隠し子のことがあったせいかと憶測の一つにしている。

話をもとに戻すと、件の長い煩悶の手紙が明治30年の8月1日のものとなると、7月6日付の手紙にある「叔母なる人ハ今月一日より塩原へ遊行一ケ月ばかりハかへられず候」とあるのが、殆どそのまま『野の花』では、「私は明日から、半月程外に行つて來なくつてはならないので」とあるのと一致しているので、田山宛て書簡にある国男の煩悶と田山の『野の花』の中の国男の恋の話は同じ時期のことと考えてよいことになるだろう。

しかし、どういうわけか、田山はこの話を8月1日の手紙の出された明治30年の国男の大学入学直前の話とせずに、全体を明治31年の、定雄(国男)が大学の最初の一年の最後のテストを終えて、故郷に帰省した時に起きた事柄という設定にしている。

要するに、明治30年7月6日の時点では、国男はいね子との間を叔母さんに取り持ってもらおうと思ったのに、かなわないまま、まだどうにもなっていないのである。8月1日の煩悶は、当然いね子の妊娠が分かったなどということではない。引用した手紙の他には、国男の恋のもつれの詳細を推測する手立ては田山の小説しかない。

『野の花』では、染子(いね子)との間を取り持つ役割の「おば様」が塩原に行ってしまった直後に、隣家の幼馴染お秀(お蝶)に言い寄られて定雄(国男)は四度も朝の散歩にお秀を伴ってしまって、人目について近隣の人の噂になったということもあり、お秀の親からはお秀が定雄に熱を上げて病気にならんばかりなので、結婚してやってほしいと言ってきたようだ。そこで大事にならないためにか、従兄(中川恭次郎)が定雄にせまって、どちらかの女の子に心を決めるよりほか無いと説得して、お秀との縁談を進めてくれてかまわないという言葉を定雄から受け取るという筋書きになっている。

実際にもこれに近いことが起きたと考えてもいいのかもしれない。それが8月1日の書簡に書かれる「煩悶」に繋がったのかもしれない。7月6日の手紙から、たったひと月足らずの間のことだ。「実に奇しとも奇しきハ小子か身の成り行きに候」「此二周日あまりの煩悶ハたとへがたき程也」とか、「我を揶揄し翻弄するハ皆唯運命なり」とか、「我をしてかく夜となく朝となく泣かしめ悶えしめたるその力の主ハ」とか、言葉が大袈裟なので、恋人の思いがけない妊娠のような重大事件が起きたかと憶測が生じかねないわけだが、まずあり得ない。

『野の花』では、定雄自身が、叔母様に染子との間を取り持ってもらい損ねて、自分で言って行くのも「**平生品格といふ事を人一倍重んじてゐる方の性質だから、そんな醜い不自然な事をしてこの美しい初戀を全然壊して了ふにはいかにしても忍びない處がある**」と逡巡しているうちに、隣の娘が言い寄ってきて、そちらにも心惹かれてしまったりして、結局、どちらの恋も成就できないことになった、これも自分の優柔不断な性格から来るものと、悩ましい思いに苦しむという筋書きになっている。かくして明治30年8月1日の国男の煩悶は、恋人の妊娠とはほど遠い、実にうぶな、移り気な青年が二股かけて、両方逃したことについての煩悶だったようだ。

田山の小説を読むと、「煩悶」とか「運命に翻弄される」という言葉がしばしば使われている。当時の文学青年は人生を真剣に考えるとき、こういう言葉を使うことが普通のことだったようだ。若気の至りも極まれりのこんな恋の話を、後に妻なり子供なりに聞かせたり、『定本柳田國男集』に入れて後世に残したくなかったのも、当然と言えよう。

岡谷氏は『殺された詩人』に掲載した「松岡国男の恋」のある短い一節を、『柳田國男の恋』の方では割愛しているのだが、前者に入れた5行に、なかなか思い切った憶測を書いている。国男は『野の花』では、明治30年の8月中に、日光に逃げて行き、その足でか、東京の大学に行ってしまうのだが、岡谷氏は国男が一度明治31年の4月5日には布佐に帰っていることが、島崎藤村の「利根川だより」から知ることができることを指摘する。藤村が布佐の国男を訪問して、四日も国男の長兄鼎の家に逗留している。岡谷氏は国男がその滞在中にいね子と関係を持ったのだろうというのである。

国男が布佐に再び戻ったこの時、いね子と何の交渉もなかったことは　とても考えられない。秀子＝お蝶の件に一応決着がついていたとすれば、この期に及んでまで彼が「おばさま」の制止に忠実だったはずはないからである。いね子へとひたむきに向う彼を押しとどめるものはもう何もなかった。しかしこの時彼の恋がどのような展開を見たかをうかがわせる手がかりは何も残っていない。（P.53）

何処でどうしたら、そう簡単に近所のそれなりの家の少女を妊娠させられるのか、筆者には全く想像もつかないが、明治31年の4月にいね子が妊娠したとすると、赤ん坊は32年の初めに生まれる。お腹の大きくなったいね子である。結核だということにして取手の姉（本家）のところに引き取られて、赤ん坊を産んで、その赤ん坊は中川と中川の妻に託されたと、岡谷氏は推理するのだろうか。

前述したように、明治32年8月8日のハガキで国男は田山に、「我が爲に一篇のコメヂイを草し給へ」と書く。そしてその前の余白に「何処迄翻弄するかしれぬ運命か　にくく候」と書き加えている。件の長文の8月1日の煩悶の手紙は明治30年の8月1日のもので、こちらは明治32年の8月8日のはがきである。明治30年8月1日の煩悶は恋人の妊娠でなかった。こちらはどうだろう？　恋人が妊娠したら、まず考えるのは結婚するかどうかだろう。何らかの理由で結婚が現実的でない場合、その後10か月の妊娠期間があり、生まれた子をどうするのかという煩悶が続くわけで、人に貰ってもらったところで、一生の間気遣わなくてはならない人生を抱え込むわけだから、いくら親友の田山にでも、明治32年8月の段階で、「コメヂイ」として書けなどと洒落を言っている場合でない。いね子に対する恋心が岡谷氏の思うほど本物の大事なものだったら、国男はその少女が妊娠したときに、どうして結婚によって責任をとらないことがあり得ただろうか？　どちらにしても妊娠事件は存在しなかったとするのが正しいだろう。

『春潮』で、田山は主人公の定雄（国男）に一人称で、自分にとって恋がどんなに大事だったかを、繰り返し語らせている。定雄は雪子（いね子）の墓の前で左記のように言う。国男が大学を卒業したばかりの明治33年の7月のことである。

「これで、**僕等の**戀愛の時代は過ぎ去つたのだ。**我々は**これから大人に　ならんければならん。人生は戀愛ばかりでは無い。大に働かんければならんことは幾許もある。**我々も**これを機會に今までの態度を改めて、大に真面目に為るやう。今までの苦痛は青年の苦痛、今までの煩悶は青年の煩悶。潔よく墓に別れやう。そしてこの可憐なる少女の戀は一生自分の記憶から忘れぬやうにしやう。左様だ、もう戀愛とは別れだ！」

どう読んでも、雪子（いね子）との間に妊娠に至るような関係のあったことは読み取れない。「コメヂイとして草し給へ」と言われたにもかかわらず、田山が特別のことを書いていないのは、大して特別のことはなかった考えるのが妥当だろう。また、「僕等の」、「我々も」と一人称複数形で語っているのにも注目すべきだろう。恋愛謳歌は、当時の文学青年の文化的な在り方だったのだ。一人国男の個人的な大事件というわけではなかった。田山が小説で表そうとした当時の学生たちの文化だったのだろう。

『春潮』について特筆すべきは、二股恋の挫折から逃げて旅に行った先（この小説では日光でなく塩原）の国男と思われる主人公定雄は、また恋に落ちるのだ。女性が婚約者を振り切って国男に走ろうとするのを、道を間違えてはいけないともっともらしく説得して、あきらめさせて、後にその夫からお礼を言われたりしている。その女性は初恋の人の名を第一子につけることを夫に頼んで受け入れてもらい、長男に定雄という名をつけたと、夫自らが定雄に告げるという話だ。

少なくとも田山は、国男が煩悶した恋のことには、さほど重きを置かず、いつもの通り、ここでも、恋多き男として国男を書いている。いね子に対する国男の恋心も、田山には本気の恋とは捉えられていなかったようだ。『野の花』でも、定雄の新体詩に詠んでいる恋を本当のこととは思わないと、田山がモデルのようにみえる親友が定雄をからかう場面がある。

岡谷氏は「松岡国男の恋」の章で、国男が田山に宛てた明治30年8月1日の前掲の長文の手紙のあと、10月15日付けの手紙を最後に、国男が花袋にさえ恋について一切語らなくなったことを指摘し、

心の奥深くにかくし持つ事実を前にして、國男は、『露骨なる描写』を唱えはじめた友人に対し、凶器をもてあそぶ人間に対すようなおびえをおぼえたのではないだろうか？　國男のこの態度のかげには、そうしたものがあるように思えて仕方がない

と書いている。だが、国男はこの手紙の2年後の明治32年8月8日のハガキに、「何処迄翻弄するかしれぬ運命也か　にくく候」、「我が為に一篇のコメディを草し給へ」と書き、まだ田山に自分のことを小説に書かせようとしている。

小林氏一郎によって明治32年のものと特定された8月末の書簡に国男は、

あまりに単調を悪み候より終に此の如くになり申候　此一月の間に移り行き候事殆おのれにすら辿り難きばかりに有之候

と書いている。明治32年の8月の一ヶ月の間にコメディのような事の推移があったようだが、何だったのだろう。「単調を悪」んだあまり、恋人を妊娠させ、赤ん坊は中川に貰ってもらった、それがコメディということはあり得ないだろう。いね子の結核の発病と隔離のニュースがあったと同時に、柳田家から養子に来てほしいとい打診が伝わったということでも重なったのか。柳田家から縁談があったのは年譜には秋だと書かれているが、もう夏にはその話は出ていて、国男は前向きに考慮し始めていたのかもしれない。田山の『妻』には、そういう話があったのが夏のこととして書かれている。

2. 田山花袋の小説に国男が恋人に子を産ませたことを匂わせる話は書かれない

一部繰り返しにもなるが、次に、田山の小説に国男が恋人に子を生ませたことを匂わせる話が全くないことを指摘したい。

田山の明治34年に発表した『野の花』、その続きものと言える『春潮』(明治36年)、そして自然主義作家としての田山の名を広く知らしめた『蒲団』(明治40年)の後に書いた『妻』(明治42年)の三冊には、国男の新体詩時代の恋の話が繰り返し書かれるが、妊娠のような難しい出来事があったことは、書かれない。

新体詩に書かれた恋人いね子は明治33年3月に結核で亡くなった。いね子が結核でなく、妊娠・出産後亡くなったと仮定してみると、田山が明治34年の『野の花』でも、36年の『春潮』でも、明治42年の『妻』の中でも、いね子をモデルにした少女が結核で亡くなったというエピソード以上に話を展開させないのが、大変おかしいことになる。『蒲団』（明治40年）で自然主義派の小説家として一躍名を挙げた田山花袋が、国男が新体詩に繰り返し詠んだ恋人に子を生ませて、その子を『文學界』の共通の仲間の中川恭次郎に貰ってもらったとなったら、そのエピソードを使わない理由はないわけで、遠慮して使わなかったりしたら、自然主義作家の名折れになりそうだ。学者や評論家とちがって、小説家は人の身に起こったことを虚実ない交ぜに小説のタネとして使うことは許される。ましてや親友の国男自身から直接小説のタネとする前提で何でも聞かされていたとみえる田山だ。遠慮して一歩譲っても、別の主人公の話として書いても十分面白い話が書けるはずのもので、それをしないのは、そういう話はなかったからだろう。田山が書かなければ、これも国男から小説のタネをもらおうとしていた小栗風葉が嗅ぎつけて書いたかもしれない。

国男は自然主義小説が流行り出すと、田山の顔を見ると、「君が悪いんだよ」などと無遠慮に言ったり、「あゝ書いちゃだめだよ」などと、親しい間ならではのアドバイスのつもりだったかもしれないが、我ながら言いすぎていたという自省もあったようだ。しばらく会わない時代が続いたようだが、お互い自分の選んだ道である程度成功をおさめ、忙しかったこともあるだろう（柳田国男「東京の三十年」『芸林間歩』昭和22年6月、及び「田山花袋の功罪」『故郷七十年』昭和33年）。

正宗白鳥が龍土会の忘年会で、国男が田山を前にして、

「諸君、田山君の小説に書いてゐる事間違つてゐます。ウソです」と云ひ、それから「僕の事を田山君などが、何とかかとか小説のなかに書くのは、迷惑です、、、」と、迷惑する感じを、明晰的確に述べた。花袋はたゞ首垂れて黙してゐた

と書いていることが、しばしば引用される。田山に秘密を書かないでもらったというような大きな借りがあったら、国男は人前でそういう批判を言ったりできなかっただろう。

新体詩時代の国男と田山花袋の仲間には島崎藤村や国木田独歩も親しい仲間として存在していたのだが、独歩の恋愛日記とも言うべき『欺かざるの記』というのがあることは、よく知られている。花袋の『妻』に独歩は田辺という名で登場し、この日記が花袋と独歩の間で話題になる箇所がある。

「あの時分のことを考へると随分もう遠いね。」

田邊はかう言つて笑つた。田邊は其戀をした女の話を細君の前で草や木のやうに平気で

話した。

「あの自分は若かつたねえ君。君も讀んだことのある例の日記が、時々本箱など探すと眼に附くので、繙けて見るがね、それは馬鹿なことが大真面目で書いてあるよ、其愚や及ぶべからずと思ふねえ。」

「だつて、其時分は大真面目だつたんだから。」

「それは大真面目とも……（後略）」


また、田山の『妻』には、主人公の勤（田山）が足に焼けどをして入院しているところに、西（国男）等が見舞いに来る場面があり、そこで結婚して子供もある勤が西に恋について次のように語っている。

青年時代には頭でばかり生きてる。肉体なんぞ何うでも好いといふ風がある。戀してる間は確かにさうだつたねえ。お互に心の満足ばかりを追つて居た。けれど今ぢやもうさうぢやない。肉体が中心になつて來たやうな気がするよ。肉体が中心になると、もう頭が余り動揺しない。青年時代に例へて見れば、頭でつかちの、體の痩せた畸形児のやうなものだ。

また、別の機会には勤は貞一（太田玉茗―田山の妻の兄）に次のように言っている。文中の田邊は国木田独歩がモデルである。

勤は田邊の話をした。窮厄また窮厄、霞ケ丘の家も持ちこたへられずに、家族を里に預けて、再び放浪の生活を始めた。「**あの才筆を抱いて、久しく世に認められないことを考へると、實際、文藝の道に携つて居るのは厭になるよ。西君が此道に入らずに、吾々と別れて行つたのも尤だと思ふね。**」と嘆息して。

要するに国男は「隠し子」を作ったりしていないどころか、恋人との関係も、二人の少女の間でまだ無責任にゆれ動くという、煩悶もありながらの青春時代を謳歌していたというところだろう。鷗外や兄達が医術も修めながら歌人として生きているのを見ているのだから、感性豊かで詩心があり、苦労なく言葉を紡ぐことができても、詩人として生きることは思ってもみなかったにちがいない。

3．岡谷氏の得た、いね子の遺族からの情報

岡谷氏は1994（平成6）年、20年ぶりに布佐を訪れ、いね子の15才年長の兄菊次郎の六女佳世と曾孫伊勢友子、別にいね子の姪二人に会っている。

『野の花』にある通り、いね子は布佐の兄のところから、結核のため、取手の本家（姉が婿をとって家を継いでいる）に移され、明治33年3月に18才で亡くなっている。遺族によると、いね子は「まれな美貌」、「美人薄命を絵に描いたような人だった」そうだ。「後に有名になった人の子を生んだが、産褥で亡くなった」というような噂話は伝わっていなかったのだろう。岡谷氏はその事は書かない。そんな話はなかったからだろう。

4．隣家の娘お蝶

一方、田山の『野の花』（明治34）、『春潮』（明治36）に登場する主人公秀雄（国男）の長兄（鼎）の素封家の隣家の娘は、国男の田山宛て書簡には出てこないのだが、岡谷氏が鼎の長男文雄に会って取材し、松島お蝶にちがいないということになった。

『野の花』（明治34）によると、二十歳の秀子（お蝶）は定雄（国男）に思いを寄せていて、気を病ま

んばかりになっている。そのため母親から定雄に養子に来てもらえないかと話が持ち込まれたらしい。定雄は幼なじみの秀子（お蝶）をにくからず思っていたので、まだ15才（生年明治15年3月）の染子（いね子）に恋心はあるものの、どちらを選んだらよいか、従兄（中川）に一任してしまう。ところがいざ秀子との縁談がまとまりそうになると、黙って逃げ出してしまう。

二年後に書かれた『春潮』では、雪（いね子）の死後（明治33年）、国男が大学を卒業して布佐に帰省した際に愛（お蝶）に行き会う場面が描かれている。愛は既に養子縁組が決まっている。それにもかかわらず、愛は定雄にもう一度結婚を迫るが、定雄は今度こそはきっぱりと断ったという話になっている。

岡谷氏は私の質問に対して、国男の「隠し子」の母親は、「どちらかというと」お蝶の方かもしれないと言ったとは先に書いたが、田山の小説の中で、いね子のことを忘れて、近づき過ぎていた幼馴染のお蝶を妊娠させてしまったら、よく知り合った隣家の素封家の娘なのだから、結婚しないで逃げるということは、まずできないだろう。

国男がお蝶と関係をもって（いね子とでも同じだが）、お蝶が10か月後に子供を産むことを想像してみてほしい。生まれたその赤ん坊を無理やり奪って、近しい親戚でもあり、「文學界」の仲間の中心にもいた中川恭次郎に貰ってもらい、国男の「隠し子」として秘密に育てさせることができるはずもないだろう。

生まれた赤ん坊にお乳を飲ませたのは誰なのか？　お蝶がしばらくは手元に置いて乳を飲ませたのだろうか？　それとも直ぐに乳を飲ませてくれる産婦を見つけて、まずそういう人に託したのだろうか？　中川恭次郎は自身新婚なのに、自分の子が生まれる前に、新婚の妻に国男の子を貰って育てることに同意してもらって、国男の子を自分たちの実子として育てたのか？　誰が考えても、こういうことは狭い地域の中の親しい人間関係の中では、噂にならずに遂行されることは、まず不可能だろう。

以上、資料を検討した結果から、布佐の恋人に国男が子を生ませ、子を中川恭次郎に託したことを読みとる余地はないと思うが、岡谷氏に、岡谷氏の考える妊娠・出産のストーリーを教えていただきたいと、手紙や電話でお願いしたが、お話しいただけなかった。

どちらにしても、国男の恋の話の詳細は田山の小説の中から想像するより手だてがないのに、その小説に書いてないことまで想像して、国男に「隠し子」がいたという説を唱えることは、故意に人の尊厳を傷つける、名誉棄損の誹りを免れない行為と言えよう。

隠し子がいたという話は、珍しい話でない。国男に隠し子があることが許されないとは筆者も思わない。問題は隠し子をひた隠しにするために、『定本』に新体詩を載せないと「峻拒」

したというような、つまらない嘘をついて死んで行った民俗学者という汚名を着せられて、人格を貶められることにある。

5．1992年伊良湖岬柳田国男ゆかりサミットでの岡谷氏と松岡磐木との出会い

さて1975～6年か、池上本門寺の門前の葛餅屋のおかみさんに、中川の次男は「さる有名人の隠し子」なのだと教えられた岡谷氏は、『さる有名人』は、もしかしたら國男かもしれない」と思った。1992年に岡谷氏は、これを裏付けるようにも思われないでもない、興味深い話を伝えてくれる人と出会う。伊良湖岬で開かれた柳田国男ゆかりサミットの会場で出会った、国男の弟松岡静雄の長男磐木である。

岡谷氏が磐木に、森銑三の紹介で中川恭次郎の三人の遺児に会ったことがあると話すと、磐木は生前の中川から、「柳田国男における恋愛の重要性を懇々と説かれた」と岡谷氏に伝える。前述の通り、中川恭次郎は国男の親や兄弟がいろいろ世話にもなった、遠縁ではあるが、とても近しい親戚だ。中川が片瀬に越してからは、鵠沼の松岡静雄と家も近く、親しく交流している。

その後岡谷氏が「松岡国男の恋」を収録した雑誌（『新潮』1995年2月号）を磐木に送ると、磐木から手紙が来る。その手紙には、昭和16年に出征するに当って中川恭次郎に挨拶をすべく訪問したときに、中川が、

君は口がかたいからと、それまで父や母から断片的には聞いていた『国男の恋』の経緯をすべて話して下さり、「これをたれかに言っておかないと死ぬに死ねない」とハラハラ落涙されました

と書き、更に、このことは「縁につながる私の口からは絶対に漏らすことはできない」と書いてきたという。思わせぶりなせりふだが、磐木氏が中川から何を聞いて、かくも深刻に受け止めたのか分かりようがない。岡谷氏も、

恭次郎が磐木さんに打ち明けた秘密をここでこれ以上穿鑿することはしない。或る時期、国男の身に深刻な事態が生じたこと、それに恭次郎が深くかかわったことだけは確かである。

と書くに終わっている（『柳田国男の恋』）。

『殺された詩人』（新潮社、1996）のあとがきにも岡谷氏は、これは磐木の死後だが、

磐木さんは、柳田国男の恋愛について、具体的な事実を話されたわけではない。ただ従来の柳田研究が余りにもそれを無視していることに飽き足りない思いをしている、といった主旨のことを言われた。

と書いていて、「隠し子」説の根拠として数えることに無理があることは、岡谷氏自身、自覚している様子を、正直に書いている。

中川恭次郎も、自分が次男として育てた子が国男の子だということを言わないと死ねないなら、誰にでも言って構わないわけだ。井上通泰、松岡静雄と交流の深かった中川の末の貰い子が国男の子なら、松岡兄弟は皆知っていたと思うが、恭次郎一人で必死に秘密にしておく必要は全くないわけだし、そんなことのできようはずがない。せっかく磐木に打ち明けても、「おまえは口が堅いから」と、他言しないことを当てにしたようなことを言ったりしたら、真面目な磐木がそれに応じて、誰にも言わないで亡くなってしまえば、何にもならないではないか。どうも全体的に話がちぐはぐでおかしいのは、磐木が岡谷氏の「隠し子」説に影響を受けたことによるのかもしれない。「えっ?!　中川の伯父さんのあの涙は、そういうことだったのか??」

と思って、後付けで重大に考え過ぎたのかもしれない。何しろ１９４１(昭和16)年に出兵の挨拶のために行って中川から聞いた話を、１９９１(平成3)年になって、岡谷氏から思いがけない話を聞いて、思い出して書いているのだから。

6．丸山久子が何を知っていたか

磐木は右記と同じ手紙で「一人全てを知っていた民俗学者丸山久子がなくなって年月がたった」と書いて、丸山が「隠し子」の存在を知っていたと思わせるような書き方をしているが、これも岡谷氏から、丸山久子が国男に頼まれて中川恭次郎のところにお金を届ける役をしていると聞いて、磐木が勝手に丸山が何でも知っていたのだと思ったのではないだろうか。

磐木さえ昭和16年に中川から話を聞くまで知らなかった話を丸山が知っていた可能性は、磐木が丸山に伝えたのでなければ、磐木の姉が既に知っていて、学校友達の丸山に伝えていたということになる。姉が知っていて、それを友達の丸山久子には告げて、磐木には言わないでいたことはあり得ないだろう。何しろ他でもない柳田国男の隠し子の話だ。亡くなる前年の中川恭次郎から磐木が何を聞いたか、丸山一人が何を知っていたと磐木が示唆しているのか、謎めいているだけで、わけが分からない。

①　確かに丸山久子は松岡静雄の長女雪子と第三高女（現在の都立駒場高校）で同級で（大正10年〜昭和3年、10才〜17才）あり、昭和4年に丸山一家が鵠沼に引っ越したので、同じ鵠沼にいた松岡静雄の神楽舎《ささらしゃ》講堂に通って勉強するようになり、静雄の次女かつみ、三女喜久子とも、その後ずっと親しく交友関係をもったという（『女性と経験』27、平成14年）。

②　丸山が民俗学講演を聞くようになったのが昭和13年頃。17年頃から池田弘子と共に、柳田国男の手伝いをするようになっている。中川恭次郎が亡くなったのも昭和17年5月。岡谷氏が「隠し子」説の根拠の一つとしているように、丸山が国男に中川の遺児にお金を届ける用事を言いつかったとしても、それは養育費でなかった可能性が大きいと考えるべきだろう。昔世話になった松岡家の親戚を経済的に援助するという単純な理由だった可能性が大である。丸山が「ただ一人」何を知っていたと磐木が言いたかったか分からない。

③　筆者は静雄の三女喜久子の娘と平成17年に別の用件で電話とＦＡＸで情報交換したことがあったので、今回も電話をして、もしや母上や磐木叔父上から国男に「隠し子」のあったことを聞いたことがあったか聞いてみた。磐木から、布佐の時代の恋人のことは聞いていたが、子供が生まれたという話は一切聞いたことがなかったという返事だった。喜久子も娘に話さなかったのは、そんな話は聞いていなかったからだろう。知っていて話さないほど、話していけない話でないと思うがどうだろう。

7．中川恭次郎にお金を届ける使者をした
橋浦泰雄・丸山久子・鎌田久子

岡谷氏は橋浦泰雄、ついで丸山久子、そして鎌田久子が国男に頼まれて中川恭次郎のところにお金を届けていたことを、「隠し子」説の根拠の一つに数えている。

国男と恭次郎を結んでいたひそかな絆、**その具体的な証拠は、**国男が生涯にわたって恭次郎に送金を続けていた事実である。

と書いているが（『柳田國男の恋』p 95〜96）、そんなことがどこに書かれていたのか、文献は示されない。その後引用される橋浦の「先生」（1961年1月発行の『文学』所収。後藤総一郎監修『柳田国男研究資料集成』第5巻）には、国男が「生涯にわたって恭次郎に送金を続けていた」という記述はない。

私は時に先生の援助を受けたが、先生は決してそれを恩恵としては与えられなかった。必ず私がそれを負担としてとらないように、私の仕事の前払いとして、細心の注意をはら

われた。又時に私は先生の使者となった。『これは私の兄弟たちが世話になった老人』というのがその使先であった。その老人が亡くなられた際、先生は病臥されていたが『娘が一人残っている。この中には少し多く入っているが、これがおしまいととってはかわいそうだ。いつでも相談に来るように、心配しないように伝えて』とのことだった。私は先生の愛情の深さを思う。

と書かれている。「時に私は先生の使者として」と書かれていることから、長期にわたって定期的にお金を届けたという状況でないことが読みとれる。

中川恭次郎が亡くなったのは昭和17年。橋浦が頼まれたのは、それよりそれほど前からのことではなかっただろう。隠し子の養育費だったら、子供が生まれてからずっと払っていて、払い方が確立していたはずだから、昭和十何年か、子供が40歳にもなってから、急に橋浦のような民俗学関係の人を使って届けさせないだろう。鎌田も国男と出会うのは民俗学研究所のできた1947(昭和22)年以降のことだ。

国男が橋浦に言ったという「娘が一人残っている」というのは、母と弟が静岡の長男の家に暮らしていて、当時恭次郎亡きあとの池上本門寺の家に独り者の深雪が一人残っていたということだろうか。

国男の『炭焼日記』は昭和19年1月1日土曜から昭和20年12月31日までの日記だが、その間に中川深雪が成城の家に国男を訪ねたこと、或は国男に便りを寄越していることが記録されている。昭和19年以前或は昭和20年以降の国男と深雪の交流については、不明である。以下に炭焼日記から深雪の名の出ている個所を抜書きする。

（昭和19年）七月三日　月よう　曇やゝ涼し
中川深雪來、家のこと相談、約斎先生（松岡兄弟の父操）の遺墨持ち來りてくれる。又本門寺前のくづ餅くれる。
十一月九日　木よう　晴
中川深雪手紙、老母危篤のこと。（深雪たちの母親の実際に亡くなったのは昭和33年享年88才—筆者註）
（昭和20年）五月十六日　水よう　午前雨後に晴る　午後又少し
中川深雪來、四月十五日夜の遭難の話をする。家は不思議にのこる。母を伴なひ是より由比に行くよし也。又銑三君も本を焼いた話、是は松村氏夫人よりもきく。
七月二十九　日よう　晴
中川深雪來、越後南蒲原群大西村、土田金作といふ人の家に疎開するといふ。色々の話をして、けふ由比へ父の位牌を迎へに行く。

十二月十九日　水よう　晴

昨日中川深雪手紙、越後の雪の中の生活のわびしいこと、返事す。

以上の記述を見ても、国男が中川家への気遣いを家の者に隠れてする必要のないことは明らかと言えるだろう。

国男の中川への送金は、国男を初め国男の兄弟ばかりでなく、両親までいろいろ世話になった松岡家の親戚である中川の晩年を、経済的に支援する目的だった可能性が大きい。国男の長兄の鼎は昭和9年、弟静雄は昭和11年、映丘は昭和13年、次兄の通泰も昭和16年に亡くなり、国男は松岡家の唯一の生き残りになっていた。それまで中川のことは井上通泰が気遣っていたかもしれない。もう中川を気遣うのは国男の役目になったのだろう。

国男は自分の80歳の祝いを、昭和29年、八芳園に柳田・松岡両家の親戚を孫の世代まで全員集めて盛大に開いた。昭和37年の米寿の祝いは柳田家と松岡家は別々に、それぞれ光輪閣と厚生年金ホールに、これも孫の世代まで全部集めて盛大に祝っている。国男は自分が経済的にもある程度恵まれ、他の兄弟よりも長生きもし、両家の長の立場にいるという強い自覚を持っていたことは明らかだ。

8. 中川の葬式での国男の森銑三らへの挨拶

岡谷氏は、中川が亡くなった折、池上の本門寺の中の微風庵（中川が片瀬に住んで以来、自分の住居につけた呼称）に国男が「現れ、」「これからはあなた方のお世話にならなきゃならない」と挨拶したという森銑三の話を、中川の育てた次男を国男の隠し子とする根拠のもう一つに数えている。

森は中川の精神治療（座禅と医学を結びつけた独特な方法という）を受けており、「第二の親のやうに慕つてゐた」（『森銑三著作集続編』第六巻、人物篇六「中川恭次郎」）と言うほど近しい仲だから、中川亡きあと、未亡人と遺児が何かと森に世話になるだろうと思って、中川の親戚筋の松岡家の唯一生き残った者として、国男が森にそういう挨拶することは極めて自然なことだろう。何しろ、中川とも森とも特別に親しい関係にあった井上通泰も、前年腸チフスで急死しているのだから。国男の母親は明治29年、布佐から上京する際、中川に勧められて本郷の中川の家に逗留して、そこで脳溢血を起こし、数日後布佐に運ばれて亡くなっている。文字通り松岡家がいろいろ世話になった大変親しい親戚である。

9．足の奮えた鎌田久子

もう一つ岡谷氏が根拠に数えるのは、『殺された詩人』を送った直後に会った鎌田久子が、「拝見して、脚が震えました」と言ったことだ。

鎌田は「とうとう国男に隠し子がいたことがばれる」と思って足が震えたのだろうか。そうでないだろう。鎌田は、岡谷氏の「隠し子」疑惑を読んで、自分の知らなかったそんな隠し事が国男にあったのかと思って、震えたという方があたっているのではないだろうか。本稿筆者のように、そんな話はあったはずがないと思って、資料を細かく検証したのでなければ、岡谷氏の本をただ読んだ場合、そんなことがあったのかと思って、鵜呑みにしてしまう人が多いのではないだろうか。

以上、岡谷氏が国男の「隠し子」説の根拠に数えた箇条を1～9に分けて検証した。どの一つも、いかに根拠たりえないかをご理解いただけると思う。

中川恭次郎の次男の本当の名は夏樹でなく、夏男という。これはご遺族にお会いしたときに、筆者が「夏樹さん」と言うのを、すぐに夏男と訂正され、また戸籍にも夏男と記されていた。

岡谷氏は恭次郎の長女と弟二人に会ったとき、次男が「なっちゃん」とでも呼ばれるのを聞いて、兄が敏樹だから、弟は夏樹だろうと思ったのだろう。もし夏男と知っていれば、これもこの次男が国男の隠し子だとする根拠に数えたのではないだろうか。国男の長兄の長男は冬樹、次兄井上通泰には当時子供はおらず、恭次郎は次男の名を国男からとって夏男としたのだろう。恭次郎の遺族にあらためて取材もしない、国男の子かもしれないと思った人物の戸籍も調べない、当時健在だった国男の長男に取材もしないで、憶測だけで書いてしまったというのも、珍しい話だ。

岡谷氏は『殺された詩人』（新潮社、1996年4月）を単行本にする前に、『新潮』に同じ論文を同じタイトルで載せている（1995年6月号）。単行本にする際に文末直前の一か所、削除した文章がある

どうもまた私は、推測の迷宮に足を踏み入れてしまったらしい。もういゝ加減に切り上げることにしよう。

結語

国男に隠し子はなかった。恋も後の学者としての人生に大きく影響を及ぼすほどの挫折や「罪責感」を経験するほどのものではなかった。国男はもともと詩人として生きることを人生の目標としたことはなかった。また詩人としての資質はあったとしても、詩人として生きなかったこと、民俗学者として生きたことを後悔するようなことはなかっただろう。民俗学者としての国男について、それがどう科学的な学問たり得ないものだったかは、筆者は語る用意がないが、40歳から40数年、民俗学の確立を目指して歩んだ国男の生涯は、恋の挫折の「罪責感」とは無縁の、本人としては、持てる資質を使い切った、ある程度納得の行く人生だったのではないだろうか。それを恋の挫折の抜け殻だったかのように、「余生」として捉える岡谷氏の柳田論のあり方は受け入れようがない。

何よりも、最晩年に『故郷七十年』で本人が語ったことが、隠し事を隠すための言い訳だったととられることは、柳田国男の学者としての人格を貶めるようなことで、看過するわけにはいかない。平凡社の担当編集者も、岡谷氏の名前を信頼して、基本的な裏付け調査もされないままに書かれた間違いとは思いもせずに、柳田国男没後50年の年に合わせて、岡谷氏の背中を一押し押して、出版してしまったのだと思う。

岡谷氏は『柳田國男の恋』の「あとがき」に書く。

「このような本を出すことについては、私には若干のためらいがあった。その私の背中を押して出版へと踏み切らせてくれた平凡社の×××氏の慫慂に感謝したい。」（伏せ字は筆者）

しかし、岡谷氏が『柳田國男の恋』で、それまでの35年間伏せていた「隠し子」説を公表したからこそ、そういう本の出たことを知った人から教えられて、孫である筆者がおかしいと気づき、検証に当たり、「隠し子」のあったことを否定すると同時に、岡谷氏の柳田国男論が間違った憶測の上に展開された論であったという、根本的な誤りを指摘することができたということになる。

完

小論二の岡谷氏の「隠し子」説の反証は、核心部分だけだが、既に左記の二つの会報誌に載せている。

１．成城大学民俗学研究所ニュース（２０１３年7月）

２．京都漱石の會（丹治伊津子主宰）会報『虞美人草』13号（２０１４年3月）

〈小論三〉

南方熊楠紹介の手伝い岸女に国男が手をつけたという憶測の間違い

筆者がある民俗学研究者に、「岡谷氏が新著に、国男に隠し子がいると書いている」と告げたら、「ご遺族なのに知らなかったのですか?」と言われて、びっくりした。

南方熊楠に紹介された広畠岸枝という下女が辞めたことで、南方から何かなじる手紙が国男に行ったらしく、大正4年3月11日付けの柳田が弁明している返事の手紙が残されていて、これが読み間違えられて、国男がきし枝に手を付けたのではないかという憶測が柳田国男研究者の間に流布していたところに、今度は岡谷公二氏が国男に「隠し子」がいたと書いたので、「隠し子」説も鵜呑みにして、国男がきし枝に生ませた子に違いないと思い込んだと思われる（広畠は多くの場合広畑と表記されている）。

筆者は、南方と国男の間にあったそういう話を知らないまま、たまたま歴史小説家阿井景子氏が、そういう憶測があるが間違いだと、著書に書いているのを読んでいた。『花千日の紅なく――南方熊楠と妻』（1992、集英社文庫）と、『わが心の師　清張、魯山人』（2001、中公文庫）という二冊の本だが、きし枝に手をつけたという国男にかけられた嫌疑は、谷川健一や鶴見和子の間違った憶測によるものであると、綿密な検証の上、結論している。

阿井氏は、当時秘書をしていた松本清張の依頼で、この問題を検証することになった。清張は『新潮』にライバル物語を書いていて、先に行って柳田国男・折口信夫・南方熊楠の三人のライバル物語を書くことを考えていたという。残念ながら、民俗学関係者には阿井景子氏のこの本を読んだ方は少ないのだろう。谷川と鶴見が有名なために、その二人の発言を覚えていて、真実を知らないまま、国男がきし枝に手をつけたのではないかという間違った憶測が、鵜呑みにされて一人歩きしているようだ。

岡谷氏の国男の「隠し子」説も、平凡社のような大手の出版社から出されてもいて、その間違いを指摘する人がいなければ、読んだ人に鵜呑みにされて、将来にわたって事実として流布することになるのだろう。

谷川健一は池田弥三郎との対談形式の『柳田国男と折口信夫』（思索社、1980年。岩波同時代ライブラリー、1994年）の中で、熊楠の紹介で柳田家に下女奉公に入った広畠きし枝に、国男が手をつけたことに南方が怒って、それまでに158通にもなっていた南方からの文通が途絶えたと思わせるような、軽率な話をしている。関連部分を引用する。

……大正六年初めに絶信状態になるのですが、これは南方が広畑《ママ》きしに紹介状を持たせて柳田のもとへやった大正三年末から始まっているんですね。そして大正五年末、六年はじめでプツッと切れ、大正十五年まで絶信。大正十五年の完全絶交のさいの手紙が、下女のことで終わる。何か変でしょう。柳田は、何かわけのわからないところで南方にうとんじられていると書いていますが、柳田家で下女奉公をした広畑きしのことは、避けて通れません。どういう事実なのか推測はさけたいのですが、ただ、事実はどうあったかは別にして、折口さんと違って、こうしたことがかりに明らかになった時、柳田側には打撃になる、という傾向があるというのは、池田さんの言われるとおりだろうと思います。

鶴見和子は『南方熊楠』（1981年、講談社学術文庫）でこの話にふれているが、やはり大正4年3月11日の、国男から熊楠へのきし枝の件に関しての返事と、大正15年の熊楠から国男へ宛てた手紙の内容を重ねて、この二つを混乱させるという間違いをおかしている。

その上、鶴見はきし枝が柳田家に三年いたと書いているが、これは間違いで、熊楠の国男宛ての手紙から、きし枝が柳田家に奉公に入ったのは大正3年11月30日以降のことだということが分かり、大正4年3月11日の国男の手紙から、きし枝はそのときには、既に柳田家を辞していたことがわかるからだ。都合きし枝が柳田家にいたのは三ヶ月と少しということになる。

鶴見のこの間違いは樫山茂樹による『南方熊楠先生小伝』㈡に、きし枝の兄による間違った発言が書かれていることを、そのまま事実と捉えてしまったことによるものだ。樫山の引用したこの発言は鶴見も注書きに引用している。きし枝の兄は樫山へ、左のように書き送っている。

妹きし枝は南方先生のお陰で柳田国男先生宅で秘書として大層大事にして頂き、「きし枝さんは柳田先生の御親類の方」とまで、他の人に言われたとの事です。

柳田先生のお宅で、二、三年お世話になり、丁度其の頃、福山市に居た叔母が病気で、是非手伝ってほしいと言う事でおひまをいただいて福山で幾年か居るうちに、今の平松の家に縁があり、（後略）

鶴見和子は、南方の田辺の大事にしていた友達、「雑学博士」とよばれた広畠岩吉のことを数行書いた続きに、左のように書く。広畠岩吉のことは、南方が国男宛ての第5便（明治44年5月）に既に、「小生知人に広畠岩吉とて五十三歳ばかりの人でいろいろ俗譚多く知れる人に承り候ことを、左に申し上げ候」と書いてきている。

その娘のきし枝が東京に出たいというので、南方は懇切な手紙をもって柳田に世話を頼んだ。きし枝は三年ほど柳田家にあって原稿整理などの秘書の仕事をした。そこで「はなはだ面白からぬこと」が起き、かの女は柳田家を去った。これが南方と柳田との絶交の経緯であった。

しかし、神社合祀反対をめぐる二人の往復書簡は、この二人の相違をしだいに大きくさせ、「いきさつ」がなくても、疎遠になったかもしれないと私には思われる。

鶴見は、きし枝が「柳田家にあって原稿整理などの秘書の仕事をした」と書いているが、樫山茂樹の前掲書に、きし枝が「私が十八才の時、南方先生の添書を持って上京、柳田先生の秘書になりました。先生の書いたものの整理等をやらせて貰いましたが、柳田先生は寡黙な人でした」と語ったことと、前述のきし枝の兄の発言を情報源にしたと思われる。しかし、国男が大正4年3月11日の南方宛の件の手紙で、「女中奉公をいとい、不利なる独立生活を望みしならん」と書いているところを見ると、滞在期間が三ヶ月と少しだったことと重ね合わせると、きし枝が書生もいる柳田の秘書として働いたということは考えにくい。岸枝は白木屋で働くつもりで既に上京していて、その話がなくなったので、故郷の知合いの弟の東京の下宿に滞在していたことが、南方から国男に宛てた手紙でわかる。それまで南方は人に紹介状を副えたことがなかったと言いながら、そんな岸枝を心配して、国男にしばらく置いてもらえないかと手紙の度ごとに三回も懇切に書いて頼んできたのだった。

鶴見の引用した「はなはだ面白からぬこと」という言葉は、南方の国男に宛てた大正15年の手紙（後に引用）にある言葉で、これをきし枝が柳田家を去った話に直接結びつけるのは、はなはだおかしい。

まず左に引用するのは、きし枝が柳田家から去ったことに関して国男が南方に宛てて書いた手紙である。これは南方から国男に宛てた抗議の手紙の返事として書かれていると思われるが、南方からの手紙は残されていない。

大正4年3月11日

岸枝女拙宅に居にくかりし理由、御想像は是非なきも事実に反し候。小生先ごろまでは親(国男の妻柳田孝の親―筆者註)と同居し居りしが、親の家は家のみ大きくて衣食の質素なりしことは、五十年前の田舎士の格式をくずさぬ美風と小生も感じおり、官舎(柳田家の当主は大審院の判事―筆者註)に入りて後も書物や社会事業のためには出費は惜しまぬ代りに、衣食は郡長の家を標準とし、妻子にも世間の振合いを顧みしめず候。妻などは平然として十余年前の故衣を着しおり、下女も皆村民を採用しおり候故、そんな感じを起こすはずなく候。ただし、しきりに玄関の者などに向かい、女を雇員に採用しくるる所なきやを聞き候よしなれば、やはり拙者初より懸念せしごとく、田舎では賎業視しおる女中奉公をいとい、結局不利なる独立生活を望みしならんかと存ぜられ候。もっとも他日小生の忠言なるほどと感ずる日来たり、かつあまり悪い風儀にも染みおらぬようなら、いつでも世話を致すべく候要するに、きし枝は柳田の家をやめる理由として、柳田の家が贅沢だとか華美だとか言って、自分の気質に合わないと南方に訴えたのだろう。国男は、自分の婿入り先の柳田の家は下級武士の家の伝統で、着るもの、食べるものは質実な生活をしているから、「そんな感じを起こすはずなく候」と書いているわけだ。人は「そんな感じ」という言葉の印象から、これを柳田がきし枝に何か特別の感じを起したことがないという弁明の言葉だと、曲解するのだろう。『伊那民俗』第42号（2000年9月）に掲載された、大正14年から加賀町の柳田家に奉公したという竹本ヱイさんの懐古談によると、当時柳田家は1000坪の敷地に建てられ、家は部屋数30あったという。客間3室は建具がすべて漆塗りで、6人いた女中さんが念入りに絹の布でみがいたとあるから、下級武士の末とは言え、格式高く暮らしていたのかもしれない。しかしながら、筆者の祖母孝（国男の妻）は、国男が南方に書いた通りに、いつも品はいいものながら、地味な着物を来て、宝飾品は一切持たず、華美とはほど遠い質実な暮らしぶりだった。

筆者は、国男のこの返書から、南方は国男に、岸枝に手をつけたのではないかと言ってきたのではないことがわかると思う。そんなことを言われた場合、「他日小生の忠言なるほどと感ずる日来たり、云々」と言って、いつでもまた世話をするとは言わないだろう。

しかしながら、阿井景子氏が1985年の著作を書くに当たって岡書院の岡茂雄氏に取材した際に、岡が「たしかに南方先生に柳田が下女に手をつけたとききました」と言ったと書く。しかし岡は「ですが柳田にもっとも近い岡村千秋さんや中山太郎さんはそんなこと一言も言いませんでしたから、事実ではなかったのでしょう」とも言ったという。岡はこの話を『本屋風情』（平凡社、1974年）に「（南方が岡に）Y君は、あんな顔しているが女中に孕ませたそうだななどと、とんでもないことまでいわれたが、不思議にさらりとして嫌らしさがない」と書いている。これは昭和4年4月に岡が南方を訪問して一晩家に泊まったときのことである。南方が本当に国男が岸枝を孕ませたと思っていたら、昭和4年に「孕ませたそうだな」というような言い方はしないだろう。大正4年に岸枝を孕ませたとしたら、子供もう十五になっているはずではないか。この言辞の直前に、南方は「杉村（楚人冠）はくだらんことをいう奴だ、わしが、あれで障子を突き破ったなんていうておる」なんても言っている。国男についてのこの話も特別に意味のある発言ではないだろう。

岸枝のことは、国男の返書で、南方は一応納得したのではないか。右に引用した国男の返書のあとも、南方と国男の間には岸枝の件と全く関係ない手紙が交わされている。大正5年12月23日付の南方の手紙は『往復書簡集』のページで言うと11ページにわたる長文のものだ。国男は返書に、『郷土研究』に南方の著作を載せることに関して、「貴所の文多枝多葉にして折々は本流を辿る能わざらしむる嫌いあるは事実なれども、小生を始め後代熱心の学徒にして精読をあえてする者には万々誤解せらるる患なし。述作をせらるるからには同国人を益するように日本語にて書かれたし」とか、「何かというと英文英文と言わるるは、」等々、ちょっと言い過ぎの感のあることを書き連ね、「平素の不平をさらけ出し置き候」、「一遍は御立腹なされ候わんかとあらかじめ御わび申し置き候なり」と書いて送ったので、それが本当の最後になってしまった。

国男は南方との明治43年からの文通で、その国際的な経験と学識、知識の統合力を知るようになり、大いに刺激と影響を受けた。フォークロア・ソサエティーの設立も促されている。国男による南方熊楠を書いた文章が三つ残されている。「故郷七十年」には、

驚くべき記憶力と統合力との持主で、決して同じことを重複させたことはない。言葉も六、七ヶ國語ができて、各國の本を讀み、ことに珍本をよく讀んで憶えてゐた。外國の本を一冊讀むと、その夜は夢にも幻にもこの國の言葉が頭に浮ぶといふから大變な人であつた。英語が主であつて、とき〴〵手紙の中にイタリア語もたくさん出て來た。幅の廣い學者で、外遊中はたゞみたいなわづかの俸給で大英博物館につとめてゐた。

昭和25年『近代日本の教養人』（辰野隆編、實業之日本社）に書かれた一文もあるが、昭和26年7月号の『展望』67号に掲載されたものは、昭和26年4月15日に朝日講堂で開かれた「南方熊楠追悼記念講演會」での講演で、「南方熊楠先生―生まれつきと生き方」という題目でなされた。この講演は4月19日、20日に、NHKの「趣味の時間」に放送もされている。他の二篇と同様、ここでも国男は南方の才能を陰りなく絶賛している。日本に帰国してからの研究が粘菌等の植物学関係に時間が割かれ、文化科学に力を注ぐ機会がなかったことを惜しんでいる。三百年に一人か五百年に一人出るか出ないかの天分を持った英才に思いのままの仕事をさせてあげて、日本人のために十分貢献してもらうことがさせられなかった日本の対応の貧弱さを残念がって、次のそんな機会までには対策を考えておかなくてはいけないという主旨のことを言っている。

国男はこの追悼講演の中で、南方との絶縁についても触れて、「私は明治四十二年、三年ごろ縁があつて先生に接近しはじめて、後にまことに馬鹿げたことで先生からうとんじられて、その間六、七年しかお付き合ひをもつてゐない人間であります」と言っている。その間受け取った手紙は一丈もあるような長い手紙が、百五十通もあると語っている（国男は最初の二年近い間の手紙を、半紙に書き写して「南方来書」と名付けて綴っている）。ということは、大正6年頃を交流が切れたときと考えていることになる。「まことに馬鹿げたこと」とは、やはり岸枝に手をつけたと南方に疑われたことを指しているのだろうか。それともその後の手紙で国男が言い過ぎたことを言っているのだろうか。

国男は『郷土研究』を休刊(大正6年)するころの事情を「予が出版事情」(「図書第47号」岩波書店、1939(昭和14)年」に書いている。当時まだ官吏だったこと、また資金の問題があったようだが、しかし南方の原稿を断っておきながら、国男が幾つもの筆名で自分の原稿を載せたこともあり、南方は根にもったようだ。岡茂雄に宛てた手紙に「例の従来匿名を用い、小生のことをいろいろ些末のことまでかき立てたる人々云々」、「匿名を用いて微動的に人を傷つけたり、自分に勝手悪ければとて人のせっかく寄せた寄書を没書にし了り、他日私用の材料とするようなるさもしき人々に云々」と「人々」と複数形ではあるが、強い調子で書いている。

南方の国男の学問のあり方に対する批判、及び、人格に関する批判はかなり激しいものであることが、他の何人かの人に宛てた書簡に中に表れている。特に大正7年3月27日の上松蓊宛ての書簡には、それが「絶筆」の理由であることを字数を使って書いている。昭和10年になっても、12月6日付け岩田準一宛書簡には、次のように書かれている。

かの人の癖として、事面倒なるゆえだまっておれば、閉口敗北降参したるようにいいちらし書きちらす。よって今度多くの引用証拠を出して徹底的に　打ちのめしてやらんと欲す。

しかし、『南方熊楠全集』に載せられた他の人宛ての書簡にも、岸枝の件を書いたものはない。南方の怒りは、官吏の立場で珍しい文献を自由に見る機会を持つ国男が、外国の事象との比較を試みず著作を書くこと、また、民俗学をしながら性に関した民俗の研究を避けること等の、学問の上のことでの怒りに徹しているように見える。

『南方随筆』の刊行に当たり、中山太郎の書いた跋文「私の知ってゐる南方熊楠氏」に、中山が人から聞いた話を引きながら、無責任な間違いが多いことが問題になったことから、九年振りに国男が南方に書いたのが、大正15年5月22日。国男としては、自分としては特に絶縁するつもりもなかっただろうから、この機をとらえて南方に宛てて書いたのではないだろうか。南方から国男に宛てた、最後の最後になった大正15年6月6日付けの手紙は、中山の跋文の間違いが多いことにも字数を費やすが、それと直接関係のない、下女の話が出てきて、これが谷川健一と鶴見和子が九年前の岸枝の件と重ね合わせて、軽率な憶測を匂わす原因になる。次にその個所を引用する。

小生（南方）少しも聞きたがらぬに貴君（柳田）のことを告げ来るものあり、そのことははなはだ面白からぬことゆえ、見合わせと致す。ただ小生そのことを一人に語れり、これは小生の過失なり。しかして、これを告げ来たれるものは貴君に何の恨みもなかるべき人なり。小生はその後かかることをいうものはろくなものならずと思い、何となく絶交しおわれり。その人は何故絶交されしか気が付かぬかも知れず。またこのついでに申す。小生はずいぶん酒を飲みたる男なり、これを飲みしには飲むべき理由がありたるなり、このことはゆくゆく世間に分かり申すべし、いかなる理由ありても酒を飲んだものが、今も酒を飲むように言いはやさるるは是非なきことかもしれず。しかるに、中山氏ほど書き立てた内に、小生が下女の閨へ這い込んだとか、私生児を孕ませたとかいうことは少しもなし、全くなきことは鬼もまた犯す能わずとさとり申し候。

さて、南方は、国男が南方のことを何と言っていると聞かされたのだろう？「小生少しも聞きたがらぬに」「貴君のことを告げ来るものあり、」「そのことははなはだ面白からぬことゆえ」「見合わせと致す」というのは、どういうことを聞いた場合に使う表現だろう？　国男が南方と下女とに何かあったと、根も葉も無い噂話を立てているような場合には「見合わせと」はしないのではないだろうか。手紙のまず最初に書いてもいいくらいのことだ。そういうことを伝えた人を、「かかることをいうものはろくなものならずと思」って「絶交」するのもおかしいことになる。また、九年も文通さえ途絶えていた南方について、「下女の閨に這い込んだとか、私生児を孕ませた」などという噂話を国男が流したということは、自分もかつて岸枝のことで、ひと悶着あったことを思えば、ちょっと考えられない。この手紙に南方が書く「下女の閨云々」は、文脈からすると「中山はいろいろいいかげんなことを言っているが、その中山さえ、私についてそういうことは言っていない」、「全くないことは、さすがの中山も書かなかった」という意味で言っていると、国男がそういうことを言ったかどうかと関係ない言辞として解釈すべきかと思う。

中山の跋文には、「下女の閨に這い込んだとか、私生児を孕ませた」という話は出て来ない。ましてや、そんなことを国男が言っているとは言っていない。中山が国男から聞いた話として書いているのは、国男が田辺を訪れた際に、南方が「欣喜雀躍の元気で、」会う前に飲みすぎて、その顔で会っては失礼だからと言って、夜具を頭からかぶって、夜具の袖から話したというエピソード等だが、これが先に引用した南方の手紙にあるお酒の話につながっていると思われる。

中山の跋文は初版本については、国男は南方にも手紙で提案して、自分の発言が間違って使われている部分に四ヵ条の訂正を書いた紙を貼らせている。

中山君の小生が言といふもの僅か十行の中に左の諸点は事實と反し居り候

柳田國男

一　南方氏が短期の入獄は小生が田邊行きより二年餘り前なり。従て救解の必要なかりし也
二　南方君令弟は今日迄一面識無し従て相談致しやうなし
三　小生は俗吏にていつも官名の名刺を所持をれり、又田邊旅行は貴族院の役人となるより一月程前なり
四　蒲團を被った南方氏と深夜に話せし覚えなし多分暇乞の朝二日酔いにて寝て居られしことを意味するならん七舛云々だけは少なくとも南方氏の言なりしこと事實なり

同じ跋文の中で、中山が南方のY氏に宛てた手紙を引用している中で、南方自身はもとは「一交而孕」という言葉を使ったのに、中山が引用にあたって勝手に「一発にてたちまち孕んだ」（これは南方と妻の初夜の話だ。南方は国男に自分は40のとき妻をめとって、女性は妻が初めてだったと書いている）と意訳して書いているのだが、南方は国男宛の手紙の中で、これに腹を立てて、本来その言葉の使われてきたインド、アラビアの風習の説明に及んでいる。これなども、国男が言い換えたことではないわけで、南方のこの長い手紙全体は、特に国男にクレームをつけたものではないと言える。

国男が四番目に書いている「蒲團被った云々」は、大正2年の暮れに国男が第一高等中学校

からの親友松本烝治と旅行に出て、南方に会いに寄った際、南方は二人の滞在した宿に会いに来たのだが、緊張をとくため事前に飲んで、飲みすぎて、会うには会ったが結局学問の話は全くしなかったという。翌日国男が別れの挨拶に南方を訪ねると、南方はまだ布団の中にいて、二日酔いのときは目が見えないからと言って、掻巻の袖から顔を覗かせて、布団の上で30分ほど国男と話したというエピソードで、国男は「故郷七十年」にも、追悼講演でも、話している。ちなみに、中山の跋文は昭和17年になって漸く出された『南方随筆』第二版では、省かれている。

阿井景子氏は、南方が「下女の閨に這い込んだ」「私生児を孕ました」とあらぬことを言われたと考え、その下女に相当する存在があるかどうか、ことの真相を探ることを試みている。そして大正11年3月に南方が「南方植物研究所」設立のための資金集めのことで上京した際に宿泊した、銀座の「高田屋旅館」にいて、南方に気にいられた杉山菊女という下女の存在を知る。阿井氏が田辺で取材した際、南方の長女に菊女のことを聞いてみると、菊女の写真を二葉持っていて見せてくれる。菊女が白浜で働きたいと手紙を書いてきたことも聞くことができた。中山太郎は件の跋文に、南方が上京してきた際に、「高田屋旅館」に行って、初めて南方に会ったと書いている。南方と中山の親しい交わりは、この時からということになる。

南方は自分も嫌疑をかけられないとも限らない「下女」の存在があるので、こういう形で先制したのかもしれない。

昭和4年に天皇が田辺湾の神島に行幸された際に粘菌の標本を持ってご進献、ご進講した南方は、いつものように人見知りで失敗することもなく、鼻水をたらすこともなく無事務めることができたことを喜んで、協力してくれた人たちにお礼を送ることをしていた中で、岡茂雄に、「乍御面倒杉山菊ノ在宿ヲタシカメタル上金三十円ヲモチユキ貴下ヂキヂキ御面会、今度進講事ナクスミシ祝ヒト説明シテ交附シテ……」くれと書いて、菊女にもお金を送っている。岡は、菊女にはたびたび金を届けたとも書いている。これは南方が中山太郎に書いた手紙にもあるスガスガ料と呼ばれるお金で、菊女が「気前モ中々面白キ快活ナ女」で「姿勢ノヨイ女」で、「今ニスガスガシク覚エ」ることに対するお返しの気持ちからのことだった（『本屋風情』）。

ちなみにこの「本屋風情」というタイトルだが、国男が石黒忠篤と共に、渋沢敬三の家に招待された席に、主催者側として早川孝太郎と共に岡が同席したことを、その後早川に「本屋風情」を加えたことに不満を言ったというのが、岡に伝わったことによるものだ。「昭和三、四年」のことだという。

岡茂雄の弟岡正雄は、昭和2年に国男が10歳の息子を牛込から移転した成城小学校に入れるために、妻や娘たちより一足先に成城に引っ越したときに書生として頼んだ二人の一人だった。岡正雄は後に民族学者、文化人類学者として名をなしたが、当時「荒れ」（この言葉は『本屋風情』の中で言及されている）がひどかった国男に耐えられず、一年後の昭和3年9月に逃げ出している（「柳田国男との出会い」『柳田国男研究』創刊号、昭和48年）。

岡茂雄は岡書院で国男の『雪国の春』を発行するにあたって、昭和3年の2月の初めにやっと刷り上がった見本を届けたところ、ページ数の重複があったことで「だから君んところはいかんというんだ」と言葉の過ぎる叱責をくらったことも、それに至る事情を含めて細かく書いている。兄弟で同じころ、国男の「荒れ」にたまらない思いをさせられていたわけだ。国男の三女堀三千が『父との散歩』（人文書院、昭和59年）に書いている。「昭和三、四年頃、父にとっての一つの危機があったようである。仕事の上にも、肉体的にも不調があって、軽い神経衰弱にかかった。母は人知れずかなりの苦労をしたようである。」

この頃の南方は、大正14年以来精神病を発病した長男熊弥の看病に心を尽くしたのち、昭和3年5月に病院に預けている。かたわら粘菌の研究に専念し、ご進講が昭和4年11月であった。岡茂雄は南方のところに行く折りには、病院によって熊弥の様子を見ることにしていたようだ。「いつもの通り京都で岩倉病院をたずね、御子息の病室やその周囲の様子を丹念に見、係りの医師からくわしく容態を聞いて田辺に行き、」と書いている。

国男は南方熊楠の学者としてのスケールの並外れた大きさを知り、大きな影響を受けながらも、所詮網羅的には集められない外国の事例をどう扱うか、性の問題こそ人間の存在の根本だと赤裸々に性器のかたち・男と女、男と男の性交の体位等々について事細かに書いてくる南方の民俗学のあり方に、性の表現の苦手な自分の向かおうとする日本の民俗学をどう折り合わせることができるか、呻吟したにちがいない

話がややそれたが、谷川健一は、『南方熊楠全集』第八巻（平凡社、1972年）の解説として『縛られた巨人』のまなざし」という文を載せている。主として南方と柳田の学問的な立場の相違と、その後の齟齬について書いた充実した文章だが、最後に「広畑きし」のことに触れ、「だがこの手紙以来、この広畑きしのすがたをつかむことはできない。南方と柳田の書簡はぷっつり切れているからである。歴史の小路の暗やみにまぎれていった小娘の行方を知るよしもなく（後略）」と書いている。広畠岸枝が闇に消えたはずもなかったが、調べることもせずに、何とも思わせぶりな書き方だ。

神坂次郎も第一回日本大衆文学賞（評伝部門）を授与された『縛られた巨人』（新潮社、1987年）で国男の南方宛ての件の手紙を引用し、「きしに手をつけたのではないか」という熊楠の詰問があったのではないか、その弁明のように見えると書いている。一方、「所詮かかる人と口

きくも無益なひまつぶしと存じ、絶信に及び候」と、絶信した理由が国男による南方の原稿の扱いかただということの分かる南方の上松蓊宛ての、先にも言及した書簡を引用している。広畠岸枝についても、高田屋旅館の菊女についても、家阿井景子氏により綿密な調査と検証がなされている。

国男が下女に手をつけたのではないかとの憶測が谷川や鶴見のような人に一度書かれることで、読む人は、それを鵜呑みにして事実と思ってしまうのは、殆んど避けられないことなのだろう。そこに新たに隠し子説まで出れば、両方を短絡的に結びつけて信じ込む人も多いだろう。筆者は一昨年、成城大学に勤務する南方熊楠顕彰館学術部長の田村義也氏にお会いした機会にこの話をしたら、田辺では柳田国男が岸女に手をつけたと言う人は全くいなくなったということだ。

なお、この小論の論点は、京都漱石の會（主宰丹治伊津子）の会報『虞美人草』13号（2014年3月）に掲載された「柳田国男に隠し子なんていなかった」の末尾に付している。

柳田国男に「隠し子」がいたという説を岡谷公二氏が『柳田國男の恋』で発表したということは、懇意にしていた京都漱石の會の主宰者丹治伊津子さんが教えてくださらなければ、私は今でも知らないでいたかもしれない。丹治さんは、その上、私に年に二回発行される同會の会報『虞美人草』に書きなさいと言ってくださった。漱石に関係のない話なのに。小論一については1ページ、小論二、三を一つにしたものについては2ページと、字数に制限はあったものの、これは本当にありがたいことだった。コピーして、要所要所にお送りしたので、間違った話の広まることを、少しは未然に阻止することができたように思う。

丹治伊津子さんは裏千家の宗家直門のお茶人なのだが、学者のご主人を立ててよき主婦をなさる一方、20年ほど前に夏目漱石研究を始められ、京都漱石の會を一人で立ち上げられた。年に二回発行される会報には、日本の名だたる夏目漱石研究家が論文や便りを寄せられ、やはりこれも年に二回開かれる定例会には、そういう方々が講演に来てくださるという充実ぶりである。丹治さんは『夏目漱石の京都』（翰林書房、2010年）の著書がある。お茶人の丹治さんならではの「漱石と一客一亭」という一章では、漱石のためにお茶席を設けている。子規と詠んだ俳句に見られる茶事に関した句を研究した章が設けられているのは勿論だ。また『行人』の主人公延子は、漱石の十弟子の一人津田青楓の最初の妻山脇敏子がモデルだっただろうという新説を打ち立てられたのは画期的なことだった。他のどの章をとっても、とても新しみのある、充実した漱石研究の本だ。

以上のような実績から、丹治さんはペンクラブの会員にも推挙された。私は自身の前著『洋画家南薫造　交友関係の研究』（杉並けやき出版、2011年）の執筆中に情報を探すためにインターネットを検索していて、丹治さんにご縁を得た。延子のモデルとされた山脇敏子が、私の夫の養父であり、母方の祖父でもある洋画家南薫造の広島県竹原出身の母方の親戚だということも、丹治さんの示唆があって、調べてみて分かった。

ご縁のありがたさを、もう一つ。

南方熊楠の依頼で柳田家に奉公に入ったという岸女に、柳田国男が手をつけたのではないかと嫌疑がかかっていたのを、松本清張に頼まれて調べて、その説の間違いを証明した歴史小説家阿井景子さんがその人だが、柳田国男にかかった嫌疑のことを書いた阿井景子さんの『わが師　清張と魯山人』（中公文庫、2001年）を私が知った経緯が縁というほかない。

私が夫に溜まりに溜まった本を少し処分してほしいと頼んだところ、廊下に少しばかりの本が積み上げられた。その一番上に、この本が載っていた。面白そうだと思って読んでみたら、柳田国男と南方熊楠のことが書いてあって、国男にかかった嫌疑を晴らしてくださっている。夫に、何故こういう大事なことを書いた本のことを私に教えてくれなかったかと聞いたところ、買ったのも忘れていたくらいで、読んでいないという。この本のことを民俗学関係の人に話題に出しても知っている人はいないに等しい。

同じ作者に妻から見た熊楠を書いた『花千日の紅なく　南方熊楠と妻』（集英社文庫、１９８９年）という本がある。この本の方が先に書かれており国男にかかった嫌疑の無実が、詳しく検証されている。この本は先に単行本として『超人―十八か国語に通じた南方熊楠と妻』というタイトルで出されている（講談社、１９８５年）が、文庫本出版に当たって、タイトルを著者がもともと用意していた、思い入れのある「花千日の紅なく」に戻したという。「花千日の紅なく」のあとには「人百日の幸せなし」という言葉が続く、阿井さんの見つけた南方熊楠の好んだ言葉だった。

阿井さんは出版社を通してお願いした私に、すぐ電話を下さった。歴史小説家として30冊をゆうに超える歴史小説を書いている方だ。南方熊楠と柳田国男の関係を書くのに、阿井さんは『南方熊楠全集』と『定本柳田國男集』、また二人の往復書簡を読破したという。南方熊楠の故郷、和歌山県田辺に行って、熊楠の娘さんや、岸女の兄の未亡人や、南方を直接知っていた研究者たちに会って話を聞いている。『南方熊楠小伝』を書いた樫山茂樹とも会っている。熊楠の本を出版した岡茂雄にも東京で会って取材するという、徹底した取材姿勢には感銘を受けずにはいられない。

本文に書いたように、田辺では柳田国男が岸女に手をつけたと言う人は、もう全くいなくなったということだ。

阿井さんは『龍馬の妻』でデビューし、『龍馬のもう一人の妻』『龍馬と八人の女性』『龍馬の姉・乙女』を書いている。特に『龍馬と八人の女性』で「りょう」を書いた中に、りょうの若いころの写真として罷り通っている写真館で撮られた芸者姿の記念写真が、りょうであり得ないことを論じている。りょうが芸者だったことはないこと等、検証している。

かくして、私は二人の生真面目かつ、後進を励ますタイプの女性の研究者により、祖父国男がつまらない隠し事をして死んで行ったのではないことを、国男の名誉を守るために本に書く気持ちにさせていただいたと思って、心から感謝の念を感じている。

もうお一人大事な女性が存在した。岡谷公二氏の柳田国男論で重い役割を担わされた中川恭次郎さんのお孫さんだ。お名前は控えさせていただくが、恭次郎さんが「理想郷」を作ることを夢みて関東大震災後に家族を伴って移住した地で、亡きお父上の後を継いで、今もみかん農園を自らの手で維持しておられる。祖父の汚名を晴らしたい私の思いに同情してくださり、不本意にもかかわらず、件の叔父上の戸籍を調べさせてくださった。お礼の言葉も見つからないほど、ありがたい思いでいっぱいだ。その上、季節毎においしいおみかんを送ってくださるのだ。ご趣味の油絵も素晴らしい腕前で、毎年の年賀状の版画は線と色使いが勢いがよく、芸術的なセンスのすぐれたお血筋を偲ばされる。東京の公立小学校で定年まで教えられたのも、お父上がみかん農園の運営のみでなく、ずっと地元の小学校で先生をなさり、傍ら書、絵、俳句、写真等々の芸術と文芸にも秀でていらしたのと同じ道を歩んで来られた。恭次郎さんご自身は、一年で農業をする生活はあきらめ、東京に去られている。

左記の方々にも心からお礼を申し上げます。

後藤総一郎さんの流れを汲む「柳田国男研究会」の皆さまには、2014年秋、この本に書いた同主旨の話をするよう、お招きいただいた。まことにありがたいお申し出だった。

また、母校成城大学民俗学研究所の職員の方々にも、資料閲覧、コピー機の使用等、親身にご協力いただき、気持ちよく調べ物をさせていただき、ありがたいことだった。

最後に、私はご生前に一度お会いしたことがあるだけだが、今回この本を書くに当たって、後藤総一郎氏監修の『柳田国男研究資料集成』全20巻と別巻二冊を初めて開いてみて、柳田国男研究における後藤総一郎氏の働きの大きさに、遅ればせながら深い感銘を受けた。氏のもとに集まった研究者たちの協力によって作られた資料集であるが、そこにはこれまで雑誌や新聞や月報に載った柳田国男について書かれた記事が網羅されており、別巻には総合目次と著者名による索引があって、実に楽に調べ物ができるようになっている。

今後とも若い研究者の方々には、柳田国男の業績を正しく踏まえて、日本人の文化、社会、心を研究する一助にしていただきたいと、心から願っている。

杉並けやき出版の小川剛さんには、ゲラが出てからも、何度も何度も大小の改変をお願いして、ご迷惑をおかけしてしまった。柳田国男については、おびただしい資料を駆使して多くの著作がなされていて、調べれば調べるほど、知らないまま書けない思いに苦しんだ。島崎藤村をはじめとする新体詩の錚々たる仲間、そして南方熊楠、資料を読みだしたらきりがない大人物ばかりだ。でたらめの書かれたものに反証をあげるのに、こちらまで安易な間違いの多いものは書けないという思いが強かったとも言える。小川さんは、恣意憶測でものをいうことの平気な人の多くなった最近の風潮を日頃から憂えておられるので、拙書の出版を応援してくださり、最後まで面倒な校正を厭わず引き受けてくださった。ありがとうございました。

なお、文中物故された方のお名前には敬称を略させていただいたが、大藤時彦、鎌田久子両先生は私の大学のゼミの先生です。

平成28年6月

【参考文献】

●小論一　柳田国男が新体詩をやめた理由に島崎藤村の影響を見る

柳田国男「故郷七十年」「故郷七十年拾遺」『定本柳田國男集』別巻第三、筑摩書房、１９６４（昭和39）年
『故郷七十年』のじぎく文庫、１９５９（昭和34）年
『故郷七十年』朝日選書、１９７４（昭和49）年
柳田国男「故郷七十年」「故郷七十年拾遺」『柳田國男全集』筑摩書房、１９９７（平成9）年
「重い足踏みの音」『文章往来』１９２４（大正15）年
「ささやかな昔」『定本柳田國男集』第二十三巻
「花袋君の作と生き方」（「ささやかな昔」同前）
柳田国男『抒情詩』『柳田國男全集 32』ちくま文庫、１９９１年
新体詩掲載
『文學界』文學界雑誌社、明治28年〜32年
『帝國文學』（明治31年〜32年）
『國民之友』（明治29年〜30年）
島崎藤村『若菜集』１８９７（明治30）年
島崎藤村『落梅集』１９０１（明治34）年
島崎藤村「利根川便り」『帝國文學』第四巻第六号、１８９８（明治31）年6月
島崎藤村『春』１９０７（明治40）年
田山花袋『妻』１９０９（明治42）年

田山花袋　『東京の三十年』博文館、１９１７（大正６）年
田山花袋　『近代の小説』近代文明社、１９２３（大正12）年
　『定本花袋全集』第27巻
国木田独歩　『欺かざるの記』明治26年～30年の日記。日本図書センター、１９９５年
後藤総一郎監修　『柳田国男研究資料集成』第1巻、日本図書センター、１９８７年
水野葉舟　『明治文学の潮流』紀元社。復刻版『明治大正文学回想集成』１９８３年
蒲原有明　「龍土會追想録」『文章世界』１９１５（大正４）年
　または『明治文學回顧録集』㈡、『明治文學全集』99、筑摩書房、１９８０年
蒲原有明　『飛雲抄』書物展望社、１９３８年
矢野峰人編　『明治詩人集㈠』（『明治文学全集』60、筑摩書房、１９７２年
日夏耿之介解説　『日本現代詩体系』第二巻　河出書房新社、１９７４年
河合酔茗　「詩人の歌・歌人の詩」『短歌研究』第三巻第三号、１９４６年3月
橋川文三　「柳田国男─その人間と思想」『近代日本政治思想の諸相』未来社、１９６８年
　後藤総一郎編『人と思想　柳田国男』三一書房、１９７２年
古橋信孝　「短歌」の項の執筆者として。『柳田國男事典』勉誠出版、１９９８年
吉田文憲　「新体詩」の項の執筆者として。同前
小田富英　「新体詩から『うた』のわかれ」『柳田国男伝』後藤総一郎監修　筑摩書房、１９８８年
来嶋靖生　『森のふくろう─柳田国男の短歌』河出書房新社、１９８２年
来嶋靖生　『柳田国男と短歌─続森のふくろう』河出書房新社、１９９４年
柳田　泉　「詩人時代の柳田国男先生」『文学』第二九巻第一号、１９６１年1月

【参考文献】

中村光夫　『定本柳田國男集』月報1、1962年1月
今井泰子　「啄木における歌の別れ」『石川啄木全集第八巻』筑摩書房
正宗白鳥　「柳田氏について」『現代日本文学全集―柳田国男集』月報28、筑摩書房、1955年
宮崎修二朗　『柳田國男　その原郷』朝日選書、1978年
田山瑞穂　「父母のこと」『明治文学全集』月報36、1968年
柳田為正　「父を語る」『東京新聞』1968年6月5日
柳井統子（本名：赤星千枝子）「父」『早稲田文学』1940年12月号
南八枝子　「柳田国男が新体詩をやめた理由に島崎藤村の影響を見る」
　京都漱石の會会報『虞美人草』15号、2015年

●小論二　**柳田国男に隠し子はいなかった**

岡谷公二　『柳田国男の青春』筑摩書房、1977年
岡谷公二　『貴族院書記官長　柳田国男』筑摩書房、1985年
岡谷公二　『柳田国男の青春』筑摩叢書347、1991年
岡谷公二　「松岡国男の恋」『新潮』1995年2月
岡谷公二　「殺された詩人」『新潮』1995年6月
岡谷公二　『殺された詩人―柳田国男の恋と学問』新潮社、1996年
岡谷公二　「柳田国男の恋をめぐって―中川恭次郎という存在」平凡社『こころ』vol.3、2011年10月
岡谷公二　『柳田國男の恋』平凡社、2012年
柳田国男　「故郷七十年」『定本柳田國男集』別巻第三、筑摩書房、1959年

柳田国男　「炭焼日記」『定本柳田國男集』別巻第四、　姫路文学館『松岡五兄弟』１９９２年
田山花袋記念館研究叢書第一巻『田山花袋宛柳田国男書簡集』館林市、１９９１年
田山花袋　『野の花』１９０１（明治34）年
田山花袋　『春潮』１９０３（明治36）年
田山花袋　『蒲団』１９０７（明治40）年
田山花袋　『生』１９０８（明治41）年
田山花袋　『妻』１９０９（明治42）年
田山花袋　『近代の小説』近代文明社、１９２３（大正12）年
『定本花袋全集』第27巻　臨川書店
中川深雪　『松花集』の増補復刻版『微風庵詠草』１９６７年
女性民俗学研究会　『女性と経験』27、２００２年
橋浦泰雄　「先生」『文学』１９６１年1月
後藤総一郎監修　『柳田国男研究資料集成』第5巻、日本図書センター、１９８７年
後藤総一郎監修柳田国男研究会編『柳田国男伝』三一書房、１９８８年
後藤総一郎　新文芸読本『柳田國男』河出書房新社、１９９２年
柳田為正　『柳田国男と飯田』市立飯田図書館、１９７７年
柳井統子（本名赤星千枝子）「父」『早稲田文学』１９４０年12月

【参考文献】

●小論三　南方熊楠紹介の手伝い岸女に国男が手をつけたという憶測の間違い
飯倉照平編　『柳田国男・南方熊楠　往復書簡集』平凡社、1976年
阿井景子　『超人―十八ヵ国語に通じた南方熊楠と妻』講談社、1985年
阿井景子　『花千日の紅なく―南方熊楠と妻』集英社文庫、1992年
阿井景子　『わが心の師　清張、魯山人』中公文庫、2001年
谷川健一・池田弥三郎　『柳田国男と折口信夫』思索社、1980年、及び岩波ライブラリー、1994年
谷川健一　「『縛られた巨人』のまなざし」『南方熊楠全集』8、平凡社、1972年
鶴見和子　『南方熊楠―地球志向の比較学』『日本民俗文化体系』第4巻、講談社、1978年、講談社学術文庫、1981年
樫山茂樹　『南方熊楠先生小伝㈡』炉辺叢書第六冊　紀州政経新聞社、1967年4月
竹本ヱイ　「柳田家にご奉公した思い出」『伊那民俗』（伊那民俗研究所報　第42号）2000年9月
中山太郎　「私の知っている南方熊楠氏」『南方随筆』岡書院、1925年
岡　茂雄　『本屋風情』平凡社、1972年
岡　正雄　「柳田国男との出会い」『柳田国男研究』創刊号、1973年
神坂次郎　『縛られた巨人―南方熊楠の生涯』新潮社、1987年
富田　登　「南方と柳田」『南方熊楠全集』月報11、1974年
米山俊直　『クニオとクマグス』河出書房新社、1995年
南八枝子　「柳田国男に隠し子なんていなかった」京都漱石の會会報『虞美人草』13号、2014年3月

〔著者略歴〕

南八枝子（みなみ　やえこ）

1944年4月　柳田国男と同居の長男為正の第二子（長女）として生まれる
1967年3月　成城大学文芸学部文化史コース民俗学科卒業
1969年2月　米国インディアナ州立インディアナ大学大学院民俗学科
修士号取得
1970年1月　結婚、二子をもうけ、夫の転勤に伴い二度、通算９年、
アメリカに暮らす

著書『洋画家南薫造　交友関係の研究』（2011年、杉並けやき出版）

民俗学研究所にて祖父柳田国男と著者（八枝子）
所員と来客とともに（1955年冬）

柳田国男　「歌のわかれ」と島崎藤村

2016年6月25日　第1版第1刷発行

著 者　南　八枝子

発行者　小川　剛

発行所　杉並けやき出版

〒166-0012 東京都杉並区和田3-10-3

TEL　03-3384-9648

振替　東京 00100-9-79150

http;//www.s-keyaki.com

発売元　株式会社 星 雲 社

〒112-0012 東京都文京区大塚 3-21-10

TEL　03-3947-1021

印刷／製本　(有) ユニプロフォート

ISBN978-4-434-22158-3 C0095